50
coisas que você pode fazer para combater a
alergia

Wendy Green

50
coisas que você pode fazer para combater a
alergia

Prefácio de Helen Pugsley, professora assistente de Dermatologia da Universidade de Cardiff, no País de Gales, Inglaterra

Tradução
Gabriela Machado

LAROUSSE

Título original: 50 things you can do today to manage eczema
Copyright © Wendy Green, 2009
Copyright © Editora Lafonte Ltda., 2011

O texto deste livro foi editado conforme as normas do novo acordo ortográfico da língua portuguesa, em vigor no Brasil desde 1º de janeiro de 2009.

Todos os direitos reservados.
Nenhuma parte deste livro pode ser reproduzida sob quaisquer meios existentes sem autorização por escrito dos editores.

Edição brasileira

Publisher Janice Florido
Editoras Fernanda Cardoso, Elaine Barros
Editora de arte Ana Dobón
Diagramação Linea Editora Ltda.

Dados Internacionais de Catalogação na Publicação (CIP)
(Câmara Brasileira do Livro, SP, Brasil)

Green, Wendy
  50 coisas que você pode fazer para combater a alergia / Wendy Green ; prefácio Helen Pugsley ; tradução Gabriela Machado. — São Paulo : Editora Lafonte, 2011.

  Título original: 50 things you can do today to manage eczema.
  ISBN 978-85-7635-874-9

  1. Eczema — Obras de divulgação 2. Eczema — Tratamento — Obras de digulgação I. Pugsley, Helen. II. Título.

11-05890
CDD-616.51
NLM WR-190

Índice para catálogo sistemático:

1. Eczema : Tratamento : Dermatologia : Medicina :
   Obras de divulgação   616.51

1ª edição brasileira: 2011
Direitos de edição em língua portuguesa, para o Brasil,
adquiridos por Editora Lafonte Ltda.

Av. Profa. Ida Kolb, 551 – 3º andar – São Paulo - SP – CEP 02518-000
Tel.: 55 11 3855-2290 / Fax: 55 11 3855-2280
atendimento@larousse.com.br • www.larousse.com.br

A meu marido Gordon, por todo seu apoio

Agradecimentos

Gostaria de agradecer a Helen Pugsley, professora assistente da cadeira de Dermatologia na Universidade de Cardiff, Inglaterra, por seu aconselhamento especializado, principalmente com relação aos medicamentos para o tratamento do eczema. Também sou grata à Jennifer Barclay, pela compreensão e trato fácil no trabalho, e à Laura Booth por me ajudar na organização das informações.

Sumário

Observação da Autora 13

Prefácio 15

Introdução 17

Capítulo 1 ▪ O Eczema Trocado em Miúdos 19
   1. Identifique os gatilhos de seu eczema 35

Capítulo 2 ▪ Penetrando na Pele 38
   2. Mantenha a pele hidratada com emolientes 40
   3. Experimente outros medicamentos 47
   4. Experimente tratamentos alternativos 53
   5. Prepare-se para o sol 57
   6. Cuide de sua pele na água 60
   7. Use o bom-senso ao se vestir 62
   8. Perceba quando você se coça 62
   9. Pare de se coçar 65

Capítulo 3 ▪ Do Lado de Fora 67
   10. Mantenha a pele bem hidratada 68
   11. Nutra sua pele com uma alimentação equilibrada ... 68
   12. Suplementos alimentares 73

13. Identifique suas alergias a alimentos 76
14. Fique atento aos aditivos alimentares.................. 82
15. Mantenha uma dieta alimentar correta durante a gravidez e a infância.. 83
16. Aprenda por meio das experiências dos outros com a comida.. 87
17. Faça um diário alimentar 90
18. Faça um teste de pele... 90
19. Durma melhor, escolhendo o alimento e a bebida certos para serem ingeridos à noite 92

Capítulo 4 ▪ Eczema e Emoções 95
20. Identifique os fatores desencadeantes de seu estresse 101
21. Aprenda a dizer "não"... 102
22. Imponha-se... 103
23. Aceite o que não pode mudar 104
24. Mude sua percepção das coisas 105
25. Administre seu tempo.. 105
26. Faça uma dieta antiestresse 106
27. Mexa-se 106
28. Volte-se para a natureza..................................... 107
29. Ria mais 107
30. Respire fundo.. 108
31. Concentre-se no aqui e no agora 108
32. Medite 109
33. Procure apoio social 110
34. Durma bem 111

Capítulo 5 ▪ O Campo de Batalha Doméstico........ 114
35. Controle os ácaros da poeira 114

36. Controle a temperatura 117
37. Faça as pazes com seu animal de estimação 117
38. Coloque luvas 118
39. Limpe sem agredir a natureza 118
40. Use sabões em pó não biológicos 123
41. Faça uso de um abrandador de água 124

Capítulo 6 ▪ Terapias Complementares do Tipo "Faça Você Mesmo" 125

42. Use óleos essenciais 125
43. Ajude-se com a homeopatia 128
44. Experimente a hipnoterapia 131
45. Visualize uma pele sadia 133
46. Desfrute de uma massagem 133
47. Tire proveito da naturopatia 135
48. Experimente os remédios florais 136
49. Encontre alívio na reflexologia 137
50. Dia "sim" à ioga 139

Glossário 141

Observação da Autora

Sofro de eczema atópico e dermatite irritante de contato desde os meus vinte anos. Antes disso, tinha febre — quando a febre desaparecia, o eczema tomava seu lugar. O eczema atópico afeta principalmente meu rosto e pescoço — inclusive a parte interna de minhas orelhas e pálpebras, que incham, coçam e ardem desesperadamente. No decorrer dos anos, percebi que o principal fator desencadeante desse problema é o estresse. Poucos anos atrás, durante uma fase tensa no trabalho, tive uma intensificação súbita e particularmente severa dos sintomas, mal reagia ao creme de hidrocortisona que meu médico me receitou.

Eu já tinha descoberto, a essas alturas, que o melhor jeito de minimizar os acessos é manter o estresse sob controle e também me beneficiei dos suplementos. O problema melhorou muito desde que comecei a usar cápsulas de óleo de prímula e de peixe todos os dias. Lavar as áreas afetadas com pomada à base de água e usar luvas de borracha para as tarefas domésticas pode reduzir os episódios da dermatite irritante de contato.

O eczema é uma condição individual — o que é bom para uma pessoa pode não ser para outra. Neste livro, sugeri uma variedade de tratamentos, tanto convencionais como alternativos, e técnicas que podem ajudá-lo a controlar seu eczema. Talvez seja preciso experimentar alguns antes de encontrar a combinação certa para o seu caso.

Wendy Green

Prefácio

Por Helen Pugsley, professora assistente de Dermatologia da Universidade de Cardiff, País de Gales, Inglaterra

Acredita-se que uma entre sete pessoas deve sofrer de algum tipo de eczema ao longo da vida. A pele tem uma função de enorme importância — não existe apenas para segurar nossos órgãos vitais. Muitos subestimam a função social da pele e a primeira impressão que podemos ter de alguém que apresenta uma doença crônica de pele como o eczema.

Este livro proporciona uma extraordinária visão geral do eczema e oferece dicas úteis para um estilo de vida saudável, que auxiliam os pacientes e cuidadores a enfrentar a condição.

O planejamento é simples de ser seguido e é fácil perceber onde a autora usou evidências clínicas, depoimentos não científicos, experiências pessoais dos pacientes e estudos de casos por especialistas, resumidos de uma maneira excelente para fornecer informações úteis que sejam facilmente compreendidas.

O livro cobre algumas áreas-chave que têm causado controvérsias e debates entre especialistas por muitos anos, mas a autora traz uma abordagem não tendenciosa e sensata que não promete o inalcançável, nem sugere uma cura milagrosa.

O aconselhamento é atualizado com pesquisas clínicas atuais, e a autora apresenta uma abordagem holística inteiramente adequada para um guia de autoajuda, oferecendo ao leitor tudo de que ele precisa saber para combinar os tratamentos convencionais e complementares com um estilo de vida saudável.

Introdução

As evidências sugerem que nos últimos 30 anos, mais ou menos, o número de pessoas que sofrem de eczema mais que dobrou — uma em cinco crianças e um em 12 adultos no Reino Unido sofrem agora de alguma forma da condição. No Brasil, estima-se que de 2 a 6 por cento da população sofre de eczema de contato, 15 por cento das crianças com menos de 7 anos e cerca de 2 por cento dos adultos sofrem de dermatite atópica. Alguns especialistas acreditam que isso se deve a aspectos do estilo de vida moderno, tais como o aquecimento central e a exposição a substâncias químicas em produtos de toucador, cosméticos e de limpeza domésticos, assim como a poluição e aditivos alimentares.

Entre os famosos que sofrem com eczema estão Ulrika Jonsson, apresentadora de tevê na Inglaterra, que disse recentemente ter sofrido de eczema quando criança. Ela costumava esfregar as pálpebras até ficarem tão inchadas a ponto de não conseguir enxergar. Até hoje possui cicatrizes das crises de infância nos joelhos e nos braços. A atriz Claire Sweeney, também da Inglaterra, revelou que sofre de eczema no rosto. Dentre outros famosos e portadores da condição estão o ator americano Brad Pitt, a apresentadora de televisão inglesa Nadia Sawalha, a cantora americana de música country LeAnn Rimes e a designer de joias Jade Jagger, filha de Mick Jagger.

Este livro explica como os fatores psicológicos, alimentares, hormonais e ambientais podem representar um papel importante no eczema, oferece aconselhamento prático e uma abordagem holística para ajudá-lo a lidar com os sintomas. Você vai descobrir como alterações simples no estilo de vida e na alimentação podem ajudar a prevenir e tratar as crises. Aprenderá como cuidar melhor de sua pele e adaptar o ambiente de sua casa, além de estratégias simples de controle do estresse e técnicas de terapias complementares.

CAPÍTULO 1

O Eczema Trocado em Miúdos

Este capítulo lhe dará uma visão geral dos tipos, locais, sintomas e causas possíveis do eczema, além de conselhos para ajudá-lo a identificar seus fatores desencadeantes. Um aconselhamento mais específico para esses gatilhos é fornecido nos capítulos a seguir.

O que é eczema?

Eczema é o nome dado a um grupo de condições em que a pele fica irritada ou inflamada. Também conhecido como dermatite — que quer dizer, literalmente, inflamação da pele — é uma enfermidade desconfortável, muitas vezes aflitiva. Pode afetar todo ou apenas determinadas regiões do corpo. Os locais mais comuns são o dorso das mãos e joelhos, atrás das orelhas, na frente dos cotovelos e das mãos. Embora o eczema possa se assemelhar a algumas condições infecciosas da pele, não é contagioso.

Identificando o eczema

Seus sintomas de eczema vão depender, obviamente, do tipo que você sofre, mas estes são os sinais mais comuns:

Inflamação da pele — característica de todos os tipos de eczema. A pele fica vermelha, ferida e inchada;

Coceira — se sua pele não coça, é provável que você não tenha eczema. A coceira tende a levar a pessoa a se ferir com as unhas, o que pode piorar a inflamação, provocar escamações e infeccionar a pele. Uma vez infeccionada, a pele pode rachar e começar a minar fluidos, uma condição chamada de "eczema úmido";

Pele seca e escamosa — pode ser tanto a causa como um efeito do eczema;

Bolhas — também conhecidas como pústulas ou vesículas. Isso ocorre principalmente nas mãos e nos pés e são causadas por uma reação alérgica, que resulta num líquido que se desenvolve nos tecidos da pele. As bolhas podem estourar, minar fluidos e formar crostas;

Espessamento da pele — coçar e friccionar a região afetada constantemente pode levar a pele a produzir mais de uma proteína chamada queratina numa tentativa de se proteger. Isso, por fim, leva a uma liquenificação — condição em que a pele se torna grossa, com aspecto de couro e escamosa, com sulcos exagerados;

Impetigo — pode ser uma complicação do eczema, porque muitas vezes resulta da pele rachada. O impetigo é uma infecção bacteriana da pele que se desenvolve quando a bactéria estafilococo, normalmente presente na superfície da pele, ou, mais raramente, a bactéria estreptococo entra na pele rachada e se multiplica, provocando bolhas e crostas. Bolhas pequenas se desenvolvem primeiro e tendem a estourar, deixando crostas úmidas e amareladas. As manchas de impetigo são normalmente pequenas e coçam muito. A infecção pode se espalhar depressa porque o ato de coçar faz com que a bactéria seja transferida para outras partes do corpo por meio das unhas. O impetigo espalha-se pelo contato, portanto qualquer indivíduo infectado deve usar as próprias toalhas e separar os objetos que entram em contato com seu corpo.

> **Observação:**
> se houver suspeitas de que você ou uma criança esteja com impetigo, consulte um médico tão logo possível. Ele deve receitar, normalmente, ou um unguento bactericida, ou um antibiótico oral.

Tipos de eczema

Existem vários tipos de eczema, sendo os dois mais comuns o eczema atópico e a dermatite irritante de contato. Outras formas da condição incluem dermatite de contato, eczema discoide, eczema seborreico, desidrose, eczema gravitacional (varicose) e eczema fotossensível (sensível à luz).

Eczema atópico

O eczema atópico, ou alérgico, é o tipo mais comum e acredita-se que seja hereditário. Se um ou ambos os seus pais, ou um de seus irmãos, ou avós é atópico — isto é, sofre de eczema, asma ou febre do feno — seu risco é maior de sofrer de eczema atópico. Na atopia, ou hipersensibilidade à reação alérgica aguda, uma reação exagerada do sistema imunológico faz com que a pele fique inflamada, irritada e ferida.

O eczema atópico é mais comum na infância, especialmente durante os cinco primeiros anos de vida. Tende a melhorar com a idade; contudo, algumas pessoas ainda continuam a sofrer com isso quando adultas. Acredita-se que os portadores de eczema atópico sejam sensíveis aos alérgenos do ambiente que outras percebem como inofensivos. Os alérgenos incluem descamações de animais domésticos (flocos de pele), excrementos de ácaros na poeira da casa, mofo e pólen (veja o Capítulo 5), alimentos como ovos, crustáceos e soja (veja o Capítulo 3). Acredita-se também que o estresse possa exacerbar os sintomas (veja Capítulo 4). Uma característica comum é a coceira, que pode ser extrema. Outros sintomas incluem ressecamento, vermelhidão e inflamação, que podem incorrer em bolhas, que minam líquido quando estouram. O ato de coçar pode fazer com que a pele descame, abrindo uma porta para uma infecção. O eczema atópico pode ocorrer em qualquer local do corpo, mas afeta com mais frequência a cabeça, o rosto, o pescoço, os braços, atrás dos joelhos e os dedos dos pés.

Dermatite irritante de contato

Esse tipo de eczema é causado pelo contato regular com substâncias do dia a dia, como sabão, detergentes e produtos químicos, que danificam a pele, retirando os óleos, gorduras e proteínas, que formam uma camada protetora na pele. Quando isso acontece, perde-se a umidade natural da pele, deixando-a seca, irritada e coçando. Isso faz com que as camadas mais profundas da pele sejam expostas a substâncias que causam mais irritação, rachaduras e fissuras. Dentre os agentes irritantes comuns estão a água — principalmente água dura —, sabão, detergentes líquidos para louça, sabonetes cremosos, espumas de banho e produtos de limpeza domésticos, como alvejantes. Há ainda a soda cáustica, removedores de tinta, solventes, produtos químicos para horta e jardinagem. A condição ocorre com maior frequência nas mãos de pessoas adultas. O melhor meio de prevenção é não utilizar as substâncias irritantes e manter a pele bem hidratada. Tarefa difícil, pois usamos nossas mãos para todas as tarefas do dia a dia. Infelizmente, grande número de profissões também exige que as mãos sejam lavadas com frequência, ou o uso de substâncias químicas, por exemplo, enfermagem e cabeleireiros. Essa condição fica ainda mais difícil quando se trata de crianças, já que tendem a ficar expostas a potenciais fatores irritantes como tintas, areia e massinhas de modelar, seja no berçário ou na escola. O eczema nas mãos também pode ser constrangedor uma vez que estão sempre à vista. Para mais conselhos úteis, consulte o Capítulo 5 — O Campo de Batalha Doméstico. Para dicas sobre os cuidados com a pele, consulte o Capítulo 2 — Penetrando na Pele.

Dermatite alérgica de contato

Essa forma de eczema se desenvolve quando o sistema imunológico do corpo reage exageradamente a uma substância que entra em contato com a pele. A reação alérgica pode se desenvolver durante um período de tempo depois do contato repetido com a substância. Por exemplo, cerca de 5 por cento das pessoas têm uma reação alérgica ao níquel, muitas vezes encontrado em brincos, fivelas de cintos e botões de calças jeans. Podem ocorrer reações depois do contato com outras substâncias como perfumes, maquiagem, borracha, gesso adesivo, colas, corantes, resinas e plantas. O eczema ocorre em qualquer lugar do corpo que seja exposto à substância agressiva.

Se suspeitar que seu eczema seja devido ao contato com uma substância em particular, talvez seja melhor procurar uma clínica dermatológica para realizar um teste de alergia. O teste consiste na aplicação dos alérgenos suspeitos à pele usando adesivos circulares. Tais adesivos permanecem na pele durante dois dias. Ao serem removidos, quaisquer reações — tais como vermelhidão, erupções ou ulcerações com bolhas — são anotadas e interpretadas.

Eczema discoide

Esse tipo de eczema ocorre principalmente em adultos e pode aparecer de repente no formato de uma moeda de pele vermelha e com uma coceira intensa, normalmente no tronco ou membros. Essas áreas podem minar fluidos e infeccionar. A ação preventiva é evitar substâncias irritantes e usar emolientes. Contudo, durante uma crise, talvez o melhor remédio seja um creme forte de hidrocortisona. Muitas vezes é necessário um preparado que também contenha um antibiótico, já que esse tipo de eczema provavelmente hospeda infecções bacterianas. Cremes combinados incluem o Betnovate C e o Verutex, ambos só comercializados sob prescrição médica.

Eczema seborreico

Esse tipo de eczema costuma afetar pessoas entre as idades de 15 e 45 anos. Normalmente aparece no couro cabeludo como caspa leve, mas pode se espalhar para o rosto, especialmente em áreas oleosas como os lados do nariz e sobre as sobrancelhas, orelhas, inclusive o canal auditivo e o peito. A pele fica vermelha, inflamada e começa a descamar. Acredita-se que a condição seja decorrente do crescimento exagerado de fungos sobre a pele. Também pode estar relacionada aos hormônios, já que ocorre com frequência em mulheres na fase pré-menstrual. A exposição ao sol pode ajudar a reduzir os sintomas, embora em algumas pessoas possa desencadear o eczema fotossensível (sensível à luz). Não existem evidências clínicas de que excluir certos alimentos da dieta traga qualquer benefício. Outros tratamentos incluem um creme antifúngico, como o clotrimazol, ou creme de hidrocortizona suave, ambos disponíveis nas farmácias sem a necessidade de receita médica. Seu médico pode prescrever um unguento para o couro cabeludo, ou um xampu à base de alcatrão.

Eczema seborreico infantil

Também conhecida como crosta láctea, esta é uma condição comum em bebês com menos de 1 ano. Caracterizada por escamas gordurosas e amareladas, normalmente começa no couro cabeludo ou na região das fraldas e se espalha depressa. Apesar da aparência desagradável, esse tipo de eczema não dói, nem coça e não causa desconforto. Normalmente desaparece dentro de poucos meses, mas pode continuar durante vários anos. Emolientes ou óleo de oliva ajudam a remover as escamas. Se infeccionarem, consulte um médico.

Desidrose ou dermatite disidrótica

Desidrose ou dermatite disidrótica, também conhecida por ponfólige, é um tipo de eczema da mão que ocorre duas vezes mais em mulheres que em homens. Começa com uma coceira intensa ou queimação nas mãos, nos pés, ou em ambos. Depois surgem bolhas minúsculas ao longo dos dedos, podendo também aparecer na palma das mãos e na sola dos pés. Acredita-se que possa haver um elo com o suor anormal nas regiões afetadas. As borbulhas podem durar até quatro semanas. Um creme à base de esteroides normalmente ajuda a controlar a coceira. O ato de coçar as bolhas pode fazer com que estourem e comecem a minar fluidos, expondo a carne viva por baixo. O uso de antibióticos pode ser necessário caso as áreas afetadas infeccionem. A condição pode ser desencadeada por estresse do contato com substâncias irritantes, tais como produtos de limpeza doméstica, ou em decorrência de uma alergia a medicamentos, tais como neomicina, ou níquel.

Eczema gravitacional (varicose)

O eczema gravitacional afeta as partes inferiores das pernas em pessoas de meia-idade e idosas. É causada pela circulação deficiente. A pele em torno dos calcanhares normalmente é afetada, tornando-se vermelha, escamosa e coçando muito. O eczema precisa ser tratado ou a pele pode se romper, levando a uma úlcera. Na maioria das formas de eczema, o tratamento costumeiro consiste de emolientes e cremes à base de esteroides. Usar meias de compressão e evitar ficar em pé por longos períodos pode ajudar a evitar mais crises.

Eczema fotossensível (sensível à luz)

O eczema fotossensível é desencadeado quando a pele é exposta ao sol. Por ficar descoberto, o rosto tende a ser mais vulnerável a esse tipo de eczema. As borbulhas resultantes podem coçar e avermelhar e, algumas vezes, doer e minar fluidos. Essa forma de eczema é desencadeada algumas vezes pelo uso de certos medicamentos, tais como anti-histamínicos, e substâncias químicas que interagem com os raios do sol. Seu médico pode sugerir medicamentos alternativos, o uso de um protetor solar, ou encaminhá-lo para um dermatologista.

Locais sujeitos à eczema

Eczema facial

O rosto é um dos locais mais visíveis do corpo, talvez por isso o eczema facial seja uma condição embaraçosa. Há vários tipos de eczema — atópico, seborreico, dermatite de contato alérgica ou irritante. O eczema atópico é a causa mais comum do eczema facial. Aparece com frequência nas maçãs do rosto e na testa primeiro, mas ataca a face inteira, incluindo as pálpebras superiores e inferiores. As pálpebras tendem a ficar inchadas e a pele engrossada, com os sulcos normais mais pronunciados.

O eczema seborreico pode afetar, em muitos casos, os lados do nariz, a parte inferior das sobrancelhas e, às vezes, as pálpebras superiores e inferiores.

O eczema irritante de contato na face pode ser causado por qualquer coisa que resseque a barreira protetora da pele, inclusive sabonete, cremes, loções ou leites de limpeza de pele, tônicos excessivamente agressivos, água dura e produtos de toalete masculinos, como espumas de barbear e loções pós-barba. A solução é usar produtos de cuidados com a pele sem perfume, hipoalergênicos — ao comprá-los, verifique no rótulo se atende a esse requisito. Como alternativa, existem as pomadas emulsificantes e cremes à base de água, em vez de sabonete, ou substituto para a espuma, ou creme de barbear. Os homens também podem se beneficiar do uso de um bálsamo pós-barba sem álcool — a maioria dos produtos de beleza para homens possui esses itens.

A dermatite alérgica de contato na face pode ser causada pelo contato direto com uma substância química sensibilizante encontrada em cosméticos — maquiagem, produtos de cuidados da pele e tinturas de cabelo — e contato com substâncias transportadas pelo ar, como sprays de perfume e pólen. A alergia ao níquel pode causar eczema nos lóbulos das orelhas e, vez por outra, a culpa é das hastes de metal de óculos. Óleos perfumados, isentos de álcool, podem ser menos ressecantes e irritantes do que as fragrâncias convencionais à base de álcool. Existem várias marcas no mercado que comercializam óleos perfumados.

Os cosméticos contêm sensibilizantes (substâncias que podem provocar uma reação alérgica), tais como a lanolina, fragrâncias, tinturas e conservantes. Muitas mulheres toleram maquiagem hipoalergênica elaboradas por companhias consagradas no mercado, como Clinique, Payot, Natura, O Boticário etc. Dizem que a maquiagem feita de minerais pulverizados até se transformarem em partículas finíssimas, tais como as que utilizam o dióxido de titânio e o óxido de zinco, são menos irritantes para peles sensíveis que a maquiagem convencional. Além de não apresentarem virtualmente nenhum risco de alergia e terem efeito calmante, suavizante, anti-inflamatório sobre a pele, tais produtos são ideais para quem sofre de eczema facial. O dióxido de titânio é um protetor solar natural, enquanto o óxido de zinco ajuda a curar a pele. É possível encontra produtos à base de minerais de várias marcas, como Maybelline, Max Factor, Revlon, Avon, Clinique em boas lojas do ramo, com revendedoras domiciliares ou ainda pela internet.

Eczema do couro cabeludo

O eczema do couro cabeludo por ser causado por formas atópicas, seborreicas e de contato irritante. Seu médico pode recomendar uma pomada, ou um xampu à base de alcatrão de hulha. Se suspeitar que a causa for o contato com um fator irritante, avalie a possibilidade de mudar para um xampu e condicionador suaves. A maioria das marcas de produtos para pele seca inclui xampus e tratamentos. A tintura de cabelo é outro possível irritante a ser levado em conta.

O que mais poderia ser?

Há outras condições da pele que podem ser consideradas como eczema por engano. Algumas dessas estão relacionadas abaixo. Se tiver dúvida sobre a causa das erupções em sua pele, consulte um médico, que poderá fazer um diagnóstico mais preciso.

Ictiose

A ictiose é uma condição rara que consiste em uma escamação alastrada e contínua da pele. Pode ser genética, ou se desenvolver em qualquer idade, normalmente como resultado de outro problema de saúde, como doença renal, por exemplo. Na forma mais comum — ictiose vulgar (*Ichthyosis vulgaris*) — a pele fica seca e espessada, com finas escamas brancas. A principal diferença entre a ictiose e o eczema é que, na primeira, a escamação afeta mais áreas da pele, permanecendo a mesma no decorrer dos anos, enquanto no eczema apenas algumas áreas são afetadas e o problema tende a mudar de padrão com bastante frequência.

Psoríase

Nesse caso a erupção coça menos que o eczema e os trechos ressecados e de pele grossa vermelha ou rosada são mais bem definidos, com escamas prateadas. A erupção costuma aparecer nos cotovelos e joelhos, mas às vezes afetam as canelas, o couro cabeludo e a região lombar.

Erupções com febre

São mais comuns na infância e muitas vezes vinculadas a enfermidades tais como rubéola ou meningite. A diferença mais evidente é que estão ligadas a outros sintomas, como a febre. Na rubéola, há também sintomas semelhantes à gripe. A erupção consiste de muitos pontos minúsculos, salientes e unidos. A erupção da meningite meningocócica parece manchas cor de púrpura que não somem quando da compressão de um vidro e não coça. Se suspeitar de meningite, procure um médico imediatamente.

Dermatomicose

A dermatomicose é uma infecção fúngica caracterizada por trechos escamosos em formato de anel ou oval, que coçam muito, e pode ser tomado por engano por eczema. Contudo, a erupção difere pelo "anel" de borda vermelha e a pele de dentro parece normal, talvez apenas um pouco escamosa. A forma mais comum é o pé de atleta, mas outros tipos podem aparecer em qualquer lugar do corpo.

A infecção é disseminada por contato pessoal. Pessoas que ficam em contato próximo com animais também estão em risco. Seu médico pode tirar uma amostra de pele por raspagem para fazer um diagnóstico. A dermatomicose normalmente é tratada com cremes ou comprimidos antifúngicos.

Sarna

A sarna, ou escabiose, é uma infestação de ácaros sob a camada superior da pele, que causa uma erupção vermelha, granulosa e coça muito. A coceira e a erupção são causadas por uma reação aos ácaros. Locais comuns de infestação incluem a palma das mãos e a sola dos pés, entre os dedos das mãos e dos pés, a pele ao redor do umbigo, os pulsos e as axilas. A sarna pode desencadear o eczema. O tratamento é feito com Permetrim a 5 por cento, em creme, uma aplicação à noite, por 6 noites, ou Deltametrina, em loções e xampus, uso diário por 7 a 10 dias. Mulheres grávidas devem usar enxofre diluído em petrolatum. Podem ser usados ainda anti-histamínicos de efeito sedativo (dexclorfeniramina, prometazina) para alívio do prurido. Em pacientes adultos, pode ser realizado tratamento oral com um medicamento recente chamado Ivermectina (também conhecido como Revectina). O tratamento mais tradicional e barato para a sarna é realizado por meio da aplicação na pele de uma loção contendo, por exemplo, um dos seguintes produtos: benzoato de benzila, permetrina ou monossulfiram.

Às vezes, é bastante difícil diferenciar uma erupção causada por sarna e outros problemas de pele, como o eczema. Seu médico certamente pode fazer uma raspagem da pele e mandar a um laboratório para uma biópsia, se houver qualquer dúvida quanto ao diagnóstico.

Urticária

A urticária é causada pela liberação da histamina na pele e se caracteriza por vergões vermelhos ou rosados, que se parecem ferroadas de urtiga. Os vergões coçam e podem possuir áreas salientes, vermelhas ou rosadas. Normalmente, a pele não fica seca e escamosa, como no eczema, e não mina líquido, a menos que o ato de coçar provoque rachaduras na pele.

> ### Os três estágios do eczema
>
> Uma forma adicional de classificar o eczema é descrever o estágio em que está.
>
> **Agudo** — é quando o eczema acabou de irromper e é provável que haja bolhas vermelhas e alguma exsudação (minar líquido) ou crostas.
>
> **Crônico** — é quando a pele se mostra eczematosa por algum tempo e é provável que esteja grossa, seca, escamosa e rachada.
>
> **Infectado** — é quando a bactéria entrou pela pele rompida, e pode acontecer no estágio agudo ou crônico.

Causas do eczema

É tudo por conta dos genes?

As pesquisas sugerem que uma mutação genética, que desliga o gene filagrina, faz com que a pele se torne seca, escamosa, e predispõe algumas pessoas ao eczema atópico. A filagrina é uma proteína que ajuda a formar uma barreira na superfície da pele para reter a água e manter distantes as substâncias estranhas. Uma redução ou ausência de filagrina prejudica a formação da barreira cutânea, fazendo com que a pele resseque muito facilmente e descame, permitindo que substâncias estranhas entrem nas camadas inferiores e causem inflamação. Acredita-se que cinco milhões de pessoas no Reino Unido tenham uma mutação da filagrina e, como resultado, apresentem pele seca, que predispõe ao eczema.

O que é atopia?

Atopia significa alergia. Acredita-se que, como a mutação genética da filagrina, essa condição seja hereditária. Uma pessoa atópica possui um sistema imunológico supersensível que identifica de maneira errada substâncias como o pólen ou pele de animais de estimação e reage de forma exagerada produzindo um anticorpo chamado imoglobulina E (IgE). Os anticorpos são proteínas que circulam na corrente sanguínea envolvida na resposta imunológica. O IgE obriga as substâncias irritantes a permitir que outros anticorpos as removam. Isso dá início a uma corrente de reações químicas no corpo, conhecida como inflamação. Se você tiver a predisposição para o eczema, a inflamação se manifesta na pele, inchando, avermelhando-se e coçando.

O processo de sensibilização

A reação alérgica nem sempre ocorre no primeiro contato com um alérgeno. O corpo precisa "aprender" a reagir, ou ser sensível a um alérgeno durante certo tempo.

Em um primeiro momento, o corpo entra em contato com um alérgeno, percebido pelas células sanguíneas do sistema imunológico como uma ameaça. Nas semanas seguintes, o corpo produz anticorpos que se juntam aos mastócitos da pele. Esses mastócitos produzem uma substância química, histamina, designada a ajudar na remoção dos agentes ofensores e levam à inflamação, coceira, vermelhidão e inchaço. Na próxima vez em que o corpo se deparar com um alérgeno, seu sistema imunológico o "reconhecerá" como inimigo e ativará uma reação, que resulta nos sintomas alérgicos, como o eczema.

Outros fatores

Mesmo que você tenha uma predisposição para sofrer de eczema, é possível que fatores alimentares, psicológicos, hormonais e ambientais também influenciem no surgimento dos sintomas. Não há muito que fazer em relação a sua predisposição genética, mas é possível adotar mudanças no estilo de vida que podem ajudar a minimizar os ataques.

Alguns pacientes afirmam que os sintomas apresentaram melhora ou pela mudança na alimentação, ou na suplementação. Existem algumas evidências de que fatores psicológicos também sejam importantes — muitos pacientes e profissionais da saúde acreditam que existe um elo entre o estresse e as crises. Alguns especialistas creem que a maneira como lidamos com as emoções também pode ser um fator do eczema. Alterações hormonais ligadas à menstruação influenciam na incidência do eczema em mulheres. Muitos acreditam que o número crescente de pessoas afetadas por esse problema é devido a fatores ambientais por causa das substâncias químicas usadas em casa. Afora isso, contato com alérgenos como pólen ou ácaros da poeira doméstica também podem desencadear uma crise.

1. IDENTIFIQUE OS GATILHOS DE SEU ECZEMA

Conhecer quais são os gatilhos de suas crises é fundamental para encontrar meios de controlar o eczema. Alguns especialistas acreditam que cada paciente tem um limiar para o qual contribuem vários fatores, que, quando em excesso e em condições propícias, provavelmente levarão ao eczema. Por exemplo, seus gatilhos principais podem ser o pólen e o estresse. O pólen sozinho pode não ser suficiente para desencadear uma crise, mas se agir em conjunto com o estresse pode deflagrar uma crise.

Se você ainda não identificou seus gatilhos, experimente manter um diário de fatores desencadeantes — um caderninho de anotações fácil de carregar a todos os lugares cumprirá bem a tarefa. Anote cada gatilho potencial e quaisquer sintomas de eczema. Em algum momento, você irá vincular fatores específicos às crises de eczema.

Gatilhos comuns

O eczema é uma condição individual. Vários gatilhos já foram identificados. Dentre eles estão:

Alérgenos:

- pólen, excremento de ácaros da poeira, penas, pele ou caspa de animais de estimação (escamas de pele);
- certos alimentos e medicamentos;

Fatores irritantes:

- tecidos, como lã ou sintéticos;
- sabão, cosméticos e perfumes;
- detergentes, produtos de limpeza domésticos e aromatizadores de ambiente;
- fumaça de cigarro e poeira;

Outros gatilhos:

- água dura, aquecimento central, calor extremo (p. ex. banhos quentes) ou frio extremo;
- transpiração excessiva, uma atmosfera úmida ou seca;
- banhos de piscina (água clorada);
- estresse, cansaço, emoções reprimidas;
- alimentação deficiente;
- menstruação;
- gravidez;
- menopausa;
- enfermidades e infecções cutâneas.

Observação:

acredita-se que cerca da metade das mulheres grávidas que sofrem de eczema antes de engravidar sentirá seus sintomas piorar, e cerca de um quarto terá ligeira melhora. A gravidez, naturalmente, vai afetar o tipo de tratamento que o médico deve recomendar — emolientes, cremes suaves de hidrocortisona e terapia de ultravioleta B são considerados seguros. Por outro lado, tratamentos, tais como esteroides orais, devem ser usados com precaução. Outros medicamentos, incluindo a terapia de ultravioleta A, são vistos como inseguros.

Uma abordagem holística

Este livro apresenta várias dicas e técnicas que podem ajudá-lo a reduzir e tratar seus sintomas — alguns são cientificamente comprovados, enquanto outros são baseados apenas em depoimentos pessoais. A filosofia fundamental é que a melhor maneira de reduzir uma crise de eczema é adotar uma abordagem holística. Isso pode incluir cuidar de sua pele mantendo-a limpa e hidratada, usando técnicas para reduzir o ato de se coçar, evitando a exposição a fatores irritantes e alérgenos, adaptando sua alimentação, controlando seus níveis de estresse e lidando com suas emoções de forma efetiva. O segredo é encontrar o que funciona melhor para você e para seus sintomas em específico.

CAPÍTULO 2

Penetrando na Pele

Este capítulo examina o que é a pele, sua função e funcionamento. Considera como cuidar melhor de sua pele para evitar crises de eczemas e aliviar a secura e a coceira decorrentes. Apresentamos também uma visão geral dos diferentes medicamentos que seu médico pode prescrever para prevenir ou para tratar seus sintomas de eczema.

Pele: o que é?

A pele é um órgão incrível que pesa em torno de 3 a 5 quilos e, se estendida, cobriria uma área de aproximadamente 2 metros quadrados. Cada metro quadrado de pele tem em torno de 200 receptores sensoriais, 15 glândulas sebáceas, 100 glândulas sudoríparas, 70 centímetros de vasos sanguíneos e 55 centímetros de nervos. É forte, embora flexível, à prova d'água e ao mesmo tempo absorvente, elástica, lavável e capaz de se autorregenerar.

A pele é composta de uma camada externa, a epiderme, e de uma interna, de tecido fibroso, chamada de derme. Sob a derme, está o tecido subcutâneo no qual a gordura é armazenada para produção de energia e para servir de isolamento. Resistente e à prova d'água, a epiderme é composta de camadas de células de pele morta que são constantemente descartadas e substituídas por novas que sobem da derme. Sua finalidade é proteger as células vivas mais delicadas da derme. Esta contém vasos sanguíneos, nervos, glândulas sudoríparas e tecido muscular, e sustenta e nutre a epiderme.

Por todas as camadas da pele existem células que formam parte so sistema imunológico. Algumas detectam proteínas estranhas, como bactérias e vírus, enquanto outras as destroem e eliminam. Certas células produzem proteínas chamadas de anticorpos, os quais, na prática, isolam as proteínas estranhas — outras células, então, as removem e destroem. Como já mencionado, em pessoas que sofrem de eczema atópico, essa resposta imunológica é hipersensível e por isso reage de maneira exagerada a substâncias percebidas como uma ameaça.

Pele: funções

A pele fornece uma barreira protetora entre você e o meio ambiente, impedindo a perda de água e de outros fluidos corporais, evitando infecções. Os óleos naturais (sebo) em sua pele contribuem para evitar que a umidade se evapore e controlam o crescimento das bactérias. A pele também detecta e regula a temperatura corporal, provendo condições de sentir e tocar o mundo a sua volta, expelindo o refugo de seu corpo através do suor, produzindo vitamina D e sinalizando emoções tais como embaraço, espanto e medo.

Com eczema, a barreira protetora da pele fica enfraquecida e a pele, irritada e inflamada.

Consultando um médico

Para muitas pessoas, ter uma alimentação saudável, controlar o estresse, lidar com as emoções, alcançar o sono adequado e evitar fatores irritantes e alérgenos é o suficiente para reduzir o número e a gravidade das crises de eczema. Contudo, é provável que ainda haja ocasiões em que você tenha de consultar um médico. Por exemplo, é bom procurar ajuda quando da primeira vez em que se tem eczema, ou quando a lesão deixa de responder às mudanças de estilo de vida ou à medicação de balcão, ou no caso de infecção. Além dos emolientes, existe ampla variedade de medicamentos disponíveis para o tratamento do eczema. Alguns, tais como cremes de hidrocortisona e aquosos, estão disponíveis nos balcões das farmácias, mas os esteroides orais só podem ser comprados com receita.

Quando consultar um médico, é bom levar quaisquer registros de ataques de eczema anteriores — por exemplo, com que frequência acontecem, tempo de duração, fatores desencadeantes, se é que você identificou algum, quais remédios sem receita você já experimentou etc.

2. MANTENHA A PELE HIDRATADA COM EMOLIENTES

Uma das melhores maneiras de evitar as crises de eczema é manter a pele macia e elástica aplicando um emoliente todos os dias. Emolientes são formulações semisólidas, viscosas, que combinam água, óleos e gorduras destinadas a ajudar a hidratar a pele e a restaurar a oleosidade perdida devido ao ressecamento. Podem ser apresentados na forma de creme, pomada, loção, ou óleo de banho de imersão ou de chuveiro. Ao contrário do que se pensa, não hidratam a pele. Agem como uma barreira que reduz a quantidade de umidade que a pele perde. Por essa razão, sua utilização é indicada para evitar a pele seca em vez de tratá-la. São mais efetivos quando aplicados com frequência, mesmo quando a pele está saudável, para minimizar as crises. A Associação Britânica de Dermatologistas (BAD, sigla do inglês British Association of Dermatologists) recomenda a aplicação de emolientes a cada quatro horas, ou pelo menos de três a quatro vezes por dia. Alguns emolientes também têm benefícios anti-inflamatórios e contra a coceira.

- Se for usar emoliente de um frasco de boca larga, é melhor usar uma espátula em vez das mãos para tirar o produto, já que isso reduz o risco de introduzir bactérias em todo o conteúdo, o que poderia causar infecções da pele. Assegurar-se de lavar as mãos antes de aplicar o produto também reduz o risco de infecção.
- Adote o hábito de aplicar um emoliente imediatamente depois de se lavar, tomar um banho de chuveiro ou de banheira, para manter a umidade da pele. Aplique-o antes de dormir, para melhorar as condições das áreas com problemas.
- Guarde seu emoliente na geladeira se sua pele for quente e coçar demais. Isso o torna mais refrescante e suavizante.

◻ Se o produto que você usa vier em um pote grande, ponha um pouco num pote pequeno ou frasco. Os potes vazios de creme para o rosto e para as mãos, vidros de geleia em miniatura ou potinhos de comida de bebê são ideais para isso. Você pode deixar um no trabalho e um no carro, para que assim nunca fique sem o seu emoliente.

Escolhendo um emoliente

Quanto mais óleo um emoliente contiver, melhor protegerá a pele contra a perda de umidade. Os unguentos contêm, normalmente, 80 por cento de óleo e 20 por cento de água, enquanto os cremes contêm 50 por cento de óleo e 50 por cento de água. Os unguentos são particularmente benéficos em condições secas, de baixa umidade — por exemplo, em prédios com aquecimento central, ou durante o inverno —, pois a pele perde mais umidade nesse tipo de ambiente. Procure produtos com ingredientes como petróleo, óleo mineral, ácido linoleico ou glicerina. Contudo, em virtude de seu alto conteúdo de óleo, os unguentos podem prender o suor perto da pele, causando coceira, portanto evite usá-los em áreas da pele que tendem a ficar quentes e suadas, isto é, a palma das mãos, a sola dos pés, a virilha e axilas. Os efeitos dos produtos oleosos são mais duradouros. Eles incluem emolientes de marcas tais como o das linhas Eucerin, Oilatum (encontradas no Brasil) e Balneum e E45 (disponíveis na internet), de qualidade comprovada. No geral, procure produtos à base de óleo de amêndoas doces, óleo de rosa mosqueta, manteiga de karité, óleo de germe de trigo, encontrados em muitas marcas nacionais e importadas nas boas lojas de cosméticos.

Em condições mais úmidas, a pele pode absorver umidade do ar, portanto um creme ou loção mais leve deve ser suficiente.

Outros produtos umectantes serão mencionados mais adiante neste capítulo. Você também pode se aconselhar com o farmacêutico ou com o médico sobre o que existe disponível no mercado. Talvez seja necessário experimentar um ou dois produtos diferentes até encontrar aquele de que gosta e que funciona no seu caso.

Cremes aquosos à base de parafina

Os cremes aquosos à base de parafina, disponíveis sob prescrição médica e nos balcões das farmácias, são emolientes leves, práticos para o uso diurno, enquanto que um preparado mais pesado pode deixar marcas oleosas. Esse tipo de creme é bastante versátil já que também pode ser usado para lavar as mãos ou o corpo — limpa a pele sem danificar a barreira delicada de proteção cutânea. Contudo, algumas pessoas podem se tornar sensíveis (alérgicas) aos ingredientes, o que faz com que o produto seja menos utilizado hoje que no passado. Uma pesquisa realizada pelo Dr. Michael Cork, especialista em pele no Hospital Infantil Sheffield, Yorkshire, Inglaterra, revelou que 56 por cento das crianças reagiam bem mal ao creme aquoso (veja abaixo).

Unguento emulsificante à base de parafina

Esse emoliente mais pesado, disponível tanto sob prescrição como nos balcões das farmácias, é uma mistura de cera emulsificante, parafina branca macia e parafina líquida. O ungento é particularmente bom para pele muito seca que tende a rachar. Entretanto, por ser mais denso, pode provocar coceira em temperaturas quentes, além de ser muito oleoso, o que pode ser um problema quando utilizado durante as tarefas do dia a dia. Por essa razão, hoje é prescrito com menos frequência que no passado.

Sensibilizantes de pele

Muitos emolientes contêm ingredientes que podem causar uma reação alérgica de pele em algumas pessoas — isso inclui substâncias químicas que aumentam o prazo de validade do produto. Muitas vezes são chamados de "sensibilizantes de pele".

Sensibilizantes comuns de pele contêm:

- cera de abelha, álcool benzílico e o BHA — butil hidroxianisol (conservante de alimentos);
- BHT — butil hidroxitolueno e álcool cetoestearílico (inclusive o álcool cetil e estearílico);
- clorocresol, ácido edético (EDTA) e etilenodiamina;
- fragrâncias, hidroxibenzoatos (parabenos) e imidureia;
- palmitato de isopropila e quaternium 15 (N-(3-choloroallyl) cloreto de hexamina;
- polisorbatos e propileno glicol;
- sulfato de sódio laureato e metabissulfito de sódio;
- ácido sórbico e gordura de lã e substâncias associadas — tais como lanolina*.

---

* Hoje em dia, alguns produtos contêm versões purificadas de gordura de lã, o que diminuiu o problema. No entanto, vegetarianos e veganos (vegetarianos rígidos) podem preferir evitar produtos que contenham derivados animais.

Produtos isentos de sensibilizantes

O Dr. Chris Steele, médico consultor de um programa matinal na Inglaterra, o *This Morning*, transmitido pelo canal ITV, afirmou recentemente que muitos de seus pacientes com eczema sofreram de reações adversas a emolientes — nem sempre de imediato, mas, às vezes, durante um período de semanas, meses ou mesmo anos. Ele agora procura receitar cremes que sejam isentos de sensibilizantes. Os produtos de cuidados da pele para quem sofre de eczema, isentos de sensibilizantes, evidenciam no rótulo a palavra "hipoalergênico", que define em termos científicos produtos com baixo potencial de sensibilização. Assim, cosméticos hipoalergênicos são aqueles que raramente produzem reações alérgicas ou irritantes, porém, devido ao largo espectro de sensibilização humana, nenhuma linha pode ser totalmente não alergênica para todos os consumidores.

> **Dica útil:**
>
> para um eczema feio em um dos membros, o Dr. Steele sugere aplicar o emoliente, ou creme suave de esteroides no local e depois cobri-lo com papel-filme, desse usado em embalagens. Isso irá assegurar que toda a pomada seja absorvida e acelerar a cura.

Faça um teste antes

Por causa do risco de uma reação adversa, ao experimentar um novo emoliente, é aconselhável testá-lo na pele sem eczema primeiro — por exemplo, na parte interna do braço. Isso deve ser feito duas vezes por dia, durante uma semana, já que as reações alérgicas podem às vezes demorar algum tempo para aparecer. Só quando estiver seguro de que sua pele não apresenta reação após esse período, é que você poderá, então, aplicar o emoliente na área afetada pelo eczema.

Às vezes, cremes ou pomadas podem causar coceiras, vermelhidão e até formigar um pouco no início — isso muitas vezes é causado pelo efeito de se esfregar a pele durante a aplicação, ou porque o creme impede que o suor escape da pele, causando irritação. Se esses efeitos sumirem no prazo de uma hora, é improvável que sejam indicadores de uma reação alérgica.

Sem sabonete

O sabonete pode remover os óleos da pele e danificar a barreira cutânea, favorecendo os ataques de eczema. As pesquisas sugerem que a melhor maneira de evitar o desenvolvimento do eczema é promover uma saudável barreira cutânea, evitando o uso de sabonetes agressivos e produtos de toalete perfumados durante a infância. Em vez disso, experimente usar um creme emoliente solúvel em água como creme aquoso ou unguento emulsificante, para lavar as mãos. Para melhores resultados, lave com água morna, esfregando o creme em suas mãos por alguns minutos antes de enxaguá-lo. Use o emoliente de um frasco com tampa dosadora, se possível, já que isso reduz o risco de o creme ficar contaminado por bactérias. Tire os anéis antes de se lavar, se achar que a umidade retida desencadeia a eczema.

3. EXPERIMENTE OUTROS MEDICAMENTOS

Preparados à base de alcatrão

O alcatrão é uma substância viscosa derivada de materiais como carvão e madeira, tradicionalmente usado para acalmar a pele inflamada e com coceira. Contudo, hoje em dia é menos popular porque existem alternativas menos malcheirosas e complicadas de usar. Também pode irritar a pele ferida. Existe também prescrição de preparados, tais como a solução de alcatrão de hulha em um quarto de Betnovate, em que o alcatrão é misturado à pomada de esteroides.

Cremes esteroides

Os cremes esteroides suaves ajudam a acalmar as crises de eczema suprimindo a resposta inflamatória do corpo. O creme mais usado é a hidrocortisona, que é bastante suave — 0,1 a 1 por cento — e pode ser comprada sem receita nas farmácias. Cremes dessa potência são relativamente seguros quando se segue a bula. Cremes mais fortes precisam ser prescritos por um médico e só devem ser usados por curtos períodos, sob supervisão. Costumam ser receitados para formas graves de eczema. É melhor usar cremes com menor potência se forem eficazes no tratamento dos sintomas. No caso de maior gravidade, deve-se adotar primeiro um preparado mais forte e passar para um mais suave quando as condições da pele melhorarem. Usar quantidades excessivas por muito tempo pode afinar a pele, deixando-a mais frágil.

A Associação Britânica de Dermalogistas (BAD) adverte as pessoas a usarem cremes esteroides com parcimônia e não como um emoliente. Houve questionamentos sobre o uso de cremes de esteroides no rosto por a pele ser mais fina nessa região e, consequentemente, mais sensível. Contudo, Helen Pugsley, dermatologista assistente na Universidade de Cardiff, Inglaterra, me disse que "um por cento de hidrocortisona é seguro, mesmo para o rosto e para bebês. Não existe nenhuma evidência que essa potência tenha causado algum dia quaisquer problemas. Versões mais fortes podem provocar catarata (embaçamento que se desenvolve na lente dos olhos, o cristalino) ou glaucoma (pressão aumentada no olho), ambos podem afetar a visão.

Parar de usar um creme de esteroides de repente pode levar a um "efeito rebote", isto é, o eczema irrompe de novo. Portanto deve-se continuar a usá-lo por um ou dois dias por semana, durante uma ou duas semanas, depois que o eczema tiver se estabilizado.

Bandagem úmida

A bandagem úmida requer o uso de um emoliente ou creme suave de esteroides com ataduras tubulares — é particularmente efetivo para pacientes jovens de eczema, já que acalma a inflamação e a coceira, impedindo danos decorrentes da fricção do ferimento. Primeiro aplica-se um emoliente ou creme suave de esteroide na pele afetada. A seguir, a região é coberta com uma bandagem umedecida em água morna. Depois, uma bandagem seca é colocada por cima, para ajudar a reter a umidade. A umidade da atadura funciona com um emoliente para hidratar a pele e aliviar a coceira. Porém, nunca cubra um eczema infeccionado com uma bandagem úmida.

Bandagem seca

Este é um procedimento semelhante, mas é utilizada apenas uma única camada de uma atadura seca. Sua função básica é manter o remédio no local e impedir que se coce o ferimento e a pele seja machucada.

Corticosteroides orais

Os esteroides fortes, via oral, tais como a prednisolona, são normalmente usados apenas em casos de eczema atópico muito grave, por conta dos inúmeros efeitos colaterais indesejados. Tais medicamentos só estão disponíveis sob prescrição médica e funcionam suprimindo a resposta do sistema imunológico. O uso de esteroides orais normalmente dura entre uma e quatro semanas. A dose deve ser reduzida gradualmente durante algumas semanas para evitar o risco de uma crise rebote assim que a medicação for interrompida. Quando os esteroides orais são tomados por um longo período de tempo, as glândulas adrenais param de produzir cortisol, tornando o corpo menos capacitado para enfrentar a doença ou de se proteger de enfermidades graves. Os ossos também ficam fracos, aumentando o risco de osteoporose em adultos e atraso de crescimento em crianças. Outros efeitos colaterais incluem alteração de humor, ganho de peso, afinamento da epiderme, pressão arterial elevada e maior risco de desenvolver diabetes.

Tratamentos imunomodulatórios

São prescritos como alternativa aos esteroides — talvez por estes terem sido ineficientes ou se houver intolerância. Os imunomoduladores funcionam alterando a resposta imunológica do corpo. Os dois tipos usados para o tratamento do eczema são a pomada de tacrolimo e o creme de pimecrolimo. Em curto espaço de tempo, parecem ser seguros, mas os efeitos de longo prazo são desconhecidos.

Pomada de tacrolimo

A pomada de tacrolimo — Protopic — funciona suprimindo moderadamente a resposta imunológica do corpo e da pele, o que ajuda a acalmar a inflamação e a reduzir a coceira e a vermelhidão. Uma camada fina deve ser aplicada sobre a pele duas vezes ao dia e apenas onde houver eczema atópico. Pode ser aplicada na pele de qualquer parte do corpo, exceto dentro da boca, do nariz e na área interna genital. Estudos sugerem que o tacrolimo é mais efetivo que os cremes suaves de hidrocortisona. O preparado mais fraco (0,1 por cento) parece funcionar tão bem como os cremes de hidrocortisona mais fortes. Dentre os efeitos colaterais mais comuns estão a sensação de queimação, coceira e folículos dos pelos infectados. No entanto, tais efeitos tendem a desaparecer dentro de poucos dias. Ainda não se pode precisar quais sejam os efeitos colaterais do uso do tacrolimo no longo prazo — medicamentos semelhantes foram vinculados ao risco aumentado de câncer de pele. Com o uso prolongado, a exposição excessiva ao sol deve ser evitada até que os efeitos sejam conhecidos.

> **Observação:**
> a pomada de tacrolimo não deve ser usada onde a pele apresenta infecção viral (por exemplo, catapora, verrugas ou herpes) ou bacteriana (por exemplo, impetigo) — isso poderia piorá-las, porque reduz a resistência natural da pele. Também não deve ser usada sob bandagens úmidas.

Creme de pimecrolimo

O creme de pimecrolimo funciona de maneira semelhante à pomada de tacrolimo, mas é mais fraca, portanto é receitada a pessoas com eczema do tipo leve a moderado. Também deve ser aplicado duas vezes ao dia. O creme de pimecrolimo pode ser usado junto com um emoliente, embora não possa ser misturado, devendo ser aplicado primeiro. O creme não afina a pele, portanto pode ser usado para o tratamento de eczema facial, mas pode provocar uma sensação de calor ou queimação nas áreas aplicadas. Esse efeito costuma manifestar-se por pouco tempo. Como o tacrolimo, não deve ser usado sob bandagens úmidas, e os efeitos colaterais de longo prazo ainda são desconhecidos.

> **Observação:**
> tanto o tacrolimo como o pimecrolimo são inadequados para uso em crianças menores de 2 anos.

Anti-histamínicos

Os anti-histamínicos são drogas que bloqueiam a ação das histaminas — substâncias químicas produzidas pelo corpo como parte da reação à alergia. Podem ser tomados de forma oral, em pílulas ou cápsulas, ou em forma de xarope. São também apresentados para uso tópico, em cremes, pomadas e loções. Os anti-histamínicos são prescritos para diminuir a coceira e, consequentemente, a fricção da parte lesada. Existem dois tipos de anti-histamínicos orais — sedativos e não sedativos. Os anti-histamínicos sedativos causam torpor, portanto podem ser úteis quando a coceira na pele impedir o sono. Se usados por um longo período, podem tornar-se menos efetivos, por isso é melhor utilizá-los quando as crises agudas afetarem o sono, em erupções de curto prazo que não durem mais de duas semanas. Helen Pugsley, professora assistente de dermatologia na Universidade de Cardiff, Inglaterra, explicou que anti-histamínicos não sedativos não apresentam nenhum benefício, a menos que seu eczema esteja vinculado à febre do feno ou à urticária, porque a erupção do eczema, em si, não é causada pela histamina.

> **Observação:**
>
> os cremes anti-histamínicos podem provocar, às vezes, uma reação alérgica na pele.

Antibióticos

Os antibióticos podem ser prescritos se seu eczema infeccionar. Porém, só os tome quando absolutamente necessário, já que o uso prolongado pode abrir caminho para bactérias resistentes a antibióticos.

> **Observação:**
> para informações mais detalhadas e aconselhamentos de especialistas com relação a qualquer desses medicamentos e outros que se encontrem disponíveis para o tratamento de eczema, por favor, consulte seu médico ou o farmacêutico de sua confiança.

4. EXPERIMENTE TRATAMENTOS ALTERNATIVOS

Se preferir adotar uma abordagem mais natural, eis aqui algumas sugestões para tratamentos alternativos da pele que podem ajudar a acalmar os sintomas de seu eczema. Por favor, observe que, na maioria dos casos, existem apenas evidências colhidas em depoimentos informais com relação à eficácia dos mesmos.

Fitosteróis

Os fitosteróis são extratos de plantas que possuem efeitos semelhantes à cortisona. Há um limitado número de pesquisas com relação à sua eficácia, porém alguns pacientes afirmam que são úteis e as encaram como uma alternativa mais suave e mais natural. A Allergenics, presente no mundo inteiro, possui linhas de produtos de cuidado da pele que contêm fitosteróis.

Sabonete de aveia

Adicione aveia ao seu banho para acalmar a inflamação e aliviar a coceira. A aveia contém avenantramida, que tem efeito tanto anti-inflamatório como antiprurido (contra a coceira), assim como ácidos graxos umectantes e vitamina E. Coloque uns dois punhados de aveia num lenço branco de algodão ou um par de meias-calças, e amarre com firmeza. Em seguida, ou amarre o embrulho na torneira da banheira para que a água possa escorrer por ele, ou jogue-o na banheira enquanto enche. Você pode até mesmo usar o embrulho como uma bucha macia enquanto está no banho!

Aloe aloe!

A aloe vera, ou babosa, é uma planta suculenta perene que vem sendo usada há muito tempo por suas propriedades hidratantes e curativas. As pesquisas sugerem que o gel das folhas tem efeitos antibacterianos e anti-inflamatórios.

Existem evidências de que é possível aliviar a coceira e a secura associada ao eczema com a planta. Algumas pessoas cultivam as próprias mudas para que possam usar o gel diretamente da folha; outras preferem usar cremes, loções ou géis que tenham o ingrediente como base.

Calmante de bicarbonato de sódio

Alguns pacientes encontram alívio da coceira adicionando bicarbonato de sódio ao banho. Use uma ou duas xícaras de água morna, não quente. Outras acham que aplicar uma pasta feita de bicarbonato de sódio com um pouco de água também ajuda.

Alívio refrescante da calamina

A loção de calamina, ou silicato hidratado natural de zinco, vem sendo usada para aliviar a coceira da pele. É especialmente útil para erupções que minam água e precisam ficar secas. Embora tenha um efeito refrescante e calmante na pele, pode ser muito ressecante, portanto use por curto espaço de tempo ou então misturada a um emoliente. Como alternativa, compre a calamina em um creme à base de água ou loção à base de óleo.

O poder do amor-perfeito

Autoridades de saúde da Alemanha recomendam uma infusão de flores de amor-perfeito para o tratamento de eczema seborreico, principalmente em bebês. Para fazer uma infusão, adicione uma ou duas colheres de chá de pétalas de flores frescas a uma xícara de água fervendo. Deixe esfriar e use-a como uma compressa úmida. As flores do amor-perfeito contêm ácido salicílico, que é anti-inflamatório, saponinas e mucilagem, que possuem uma ação suavizante e calmante. Nenhum efeito adverso foi relatado quando a infusão é aplicada externamente.

Chá de rooibos, ou arbusto vermelho

Na África do Sul, o chá de rooibos é usado tradicionalmente por suas propriedades curativas da pele. Dizem que ajuda a aliviar o eczema quando ingerido e também acalma a pele, quando adicionado ao banho. Embora isso possa ser em decorrência do conteúdo de quercetina da planta, não existem evidências clínicas para embasar tais afirmações.

Emoliente caseiro

É possível substituir o emoliente por quase todos os óleos vegetais, por exemplo, o óleo de girassol, o azeite de oliva e até mesmo a gordura hidrogenada (sólida). Tenha em mente, contudo, que esses óleos são graxos e têm um cheiro bastante forte — portanto, use-os como último recurso.

Hamamélis

Há um estudo que sugere que a hamamélis é útil na redução da inflamação e da coceira. Existem também evidências colhidas em depoimentos de que ajuda a acalmar o eczema atípico. A hamamélis é um adstringente que contém propriedades anti-inflamatórias e antibacterianas, portanto pode ser aplicada em eczemas exsudativos para promover a cura e proteger contra a infecção bacteriana.

Bardana

A bardana é uma planta tradicional da medicina fitoterápica que possui propriedades purificadoras e depurativas que podem ajudar a aliviar as erupções da pele e acalmar a inflamação. Também acredita-se que contenha inulina, um prebiótico que ajuda a normalizar o sistema imunológico, estimulando o crescimento das bactérias boas no intestino. Não há evidência clínica para embasar tais afirmações.

Calêndula e camomila

O especialista em saúde integrada, Dr. Andrew Weil, como muitos profissionais de saúde alternativa, recomenda o uso de cremes contendo camomila ou calêndula. Acredita-se que tenham propriedades anti-inflamatórias que acalmam a pele e promovem a cura.

Erva-de-são-joão, ou hipérico

Essa erva é usada com mais frequência no tratamento da depressão, mas também tem uso tópico (isto é, diretamente sobre a pele) no caso de problemas de pele, inclusive eczema. Ela contém uma substância chamada hipericina que se acredita ter propriedades anti-inflamatórias. Num estudo duplo-cego, usou-se um creme contendo extrato de hipérico, comparado a um creme com placebo, em 21 pessoas com eczema de leve a moderado. Os participantes usaram o creme de hipérico em um braço e o creme com placebo no outro. Os resultados sugeriram que o uso do creme de hipérico reduziu significativamente os sintomas do eczema.

5. PREPARE-SE PARA O SOL

Algumas pessoas acham que suas crises de eczema melhoram durante as férias — principalmente quem sofre de dermatite de contato alérgica ou eczema discoide. Além do fato de que as pessoas tendem a ficar mais relaxadas, supõe-se que os raios do sol possam ser benéficos — a luz ultravioleta é utilizada algumas vezes no tratamento do eczema. Acredita-se que funciona suprimindo a resposta imunológica.

É importante, contudo, usar protetor solar para preservar a pele dos efeitos prejudiciais dos raios UVA (radiação solar de ondas longas) e UVB (radiação solar de ondas médias).

Outros podem julgar que o sol provoca, ou exacerba, seu eczema. Esse é conhecido como eczema fotossensível (ou sensível à luz). Algumas drogas, substâncias químicas e ervas podem aumentar a sensibilidade da pele à luz do sol, por exemplo, os anti-histamínicos, antibióticos e o hipérico. Consulte um médico se for o seu caso.

Escolha um creme com filtro solar

Nem todos os bloqueadores solares protegem contra os raios UVA, por isso, leia o rótulo antes de comprar. Escolha um que afirme proteger tanto contra os raios UVA como UVB. Esses são algumas vezes rotulados como protetores de "largo espectro". O fator de proteção solar (FPS) mostra quanto o filtro solar protege contra a radiação RVB. A Associação Britânica de Dermatologistas (BAD) recomenda um fator 30 adicional, diante do fato que a maioria de nós não aplica o filtro solar em quantidade suficiente. Esse nível de proteção permite apenas que 4 por cento dos raios UVB penetrem na pele. Fatores mais altos oferecem mais proteção — por exemplo, o fator 60 deixa apenas 2 por cento dos raios UVB penetrarem na pele.

A proteção UVA é indicada de zero a cinco estrelas — embora isso seja apenas uma orientação grosseira porque é também influenciada pelo FPS. Por exemplo, um creme com FPS 25 e três estrelas pode dar mais proteção UVA total que um creme com FPS 10 e quatro estrelas. O creme à prova de água é menos provável de sair com a água ou com o suor. Além disso, alguns dos filtros solares mais oleosos podem reter a transpiração na pele e causar irritação.

Como no caso da escolha de emolientes, verificar os rótulos pode ajudá-lo a evitar substâncias a que você tenha uma sensibilidade maior. Filtros solares são produtos químicos, à base de minerais, ou uma combinação dos dois. Cremes com substâncias químicas são absorvidos pela pele, enquanto aqueles à base de minerais permanecem na superfície da pele, formando uma barreira refletora. As substâncias químicas podem irritar a pele e causar sensibilidade, por isso pacientes com eczema podem preferir os cremes à base de minerais. O mineral usado normalmente é o dióxido de titânio.

Lambuze-se!

É aconselhável testar um creme para verificar se não surgem reações adversas aplicando-o num pequeno trecho da pele antes de usá-lo pelo corpo todo.

A entidade beneficente inglesa *Cancer Research UK* (Pesquisas sobre o Câncer) aconselha que as pessoas passem o filtro solar antes de saírem ao sol e antes de aplicar emolientes ou hidratantes, para que fique mais próximo da pele. Aplique-o em quantidade generosa, ou como dizem, "lambuze-se" para obter o máximo benefício e depois repita a aplicação para assegurar que o corpo todo está protegido. Reaplique o filtro solar pelo menos a cada duas horas e imediatamente depois de nadar ou de transpirar muito. Não friccione muito para não perder a proteção. A exposição ao sol resseca a pele, portanto é bom usar algum emoliente à noite além do usual e talvez um mais rico.

Proteja-se

Você ainda pode se queimar mesmo com filtro solar, portanto, fique de olho em sua pele o tempo todo — e fique atento à pele das crianças, que é muito delicada. Evite os raios do sol entre 11 horas da manhã e 3 da tarde quando são mais fortes. Cubra-se — use um chapéu e óculos de sol ou fique na sombra —, mas lembre-se de que os raios do sol refletem na água, na areia e na neve, portanto, não deixe de usar o filtro solar. Prefira roupas de algodão ou de linho, pois não apenas protegerão sua pele contra o sol, como também o ajudarão a se refrescar. Algumas pessoas acreditam que o calor excessivo desencadeie suas crises de eczema, ou que a transpiração pode exacerbar a coceira.

6. CUIDE DE SUA PELE NA ÁGUA

Ao nadar

Nadar é relaxante e excelente para melhorar a forma física. Contudo, nadar no mar ou na piscina pode piorar os sintomas de seu eczema. Se isso acontecer, experimente usar um emoliente leve, tal como creme aquoso na pele antes de entrar na piscina. Tome um banho de chuveiro, lavando-se bem; quando sair reaplique o emoliente. As banheiras de hidromassagem costumam conter uma concentração mais alta de produtos químicos.

Algumas pessoas notam uma melhora em seu eczema depois de nadar. Helen Pugsley, professora assistente de Dermatologia na Universidade de Cardiff, Inglaterra, diz que isso é possível porque o cloro tem um efeito antibacteriano na pele.

Na praia

A água do mar e a areia podem irritar quem sofre de eczema, especialmente se a pele estiver rachada ou ferida, pois as partículas ficam retidas, causando formigamento. Aplicar um emoliente leve pode ajudar a proteger contra esses efeitos. Um emoliente pesado pode fazer a pele esquentar demais e coçar.

Depois de um passeio na praia, um banho morno de banheira ou chuveiro removerá o sal e a areia. Aplique um emoliente em seguida para acalmar a pele. Por outro lado, algumas pessoas acham que a água do mar melhora seu eczema. Isso pode ser devido ao sal na água, que tem um efeito antisséptico.

Banho de banheira

Afundar-se na banheira pode ser benéfico porque a água hidrata a camada externa da pele, assim como remove a sujeira e as bactérias. Isso pode também ajudar a remover as crostas da pele durante uma crise. Água morna é melhor, já que a água quente resseca ou irrita a pele. Use emoliente no banho em vez de espuma de banho, que contém detergente e pode prejudicar a barreira de proteção cutânea. Muitos produtos das linhas de marcas consagradas para pele seca incluem emolientes especiais para chuveiro e banheira.

- Se sua pele formigar ao entrar na banheira, experimente aplicar um emoliente antes. Use o emoliente ou um gel hidratante para a higiene em vez de sabonete, que pode ressecar a pele.
- Evite usar buchas ou esponjas ásperas no banho, pois podem irritar a pele delicada.
- Os emolientes podem fazê-lo escorregar, portanto tome cuidado ou coloque um tapete de borracha no fundo da banheira.

- ☐ Tomar banho de imersão por muito tempo ou com muita frequência pode ressecar a pele. Muitos dermatologistas advertem que não se deve tomar banho de banheira mais do que uma vez por dia e recomendam ficar no banho por não mais que dez minutos.
- ☐ Enxugue-se, batendo a toalha de leve sobre a pele, em vez de esfregar. Aplique um emoliente 5 minutos depois de sair do banho, enquanto a pele ainda estiver ligeiramente úmida, para reter a umidade da água do banho.

7. USE O BOM-SENSO AO SE VESTIR

O que você veste reflete em seu eczema. Lã e fibras sintéticas podem causar irritação. Algodão e tecidos mistos de algodão são melhores porque mantêm o frescor da pele por permitir a respiração. Evite usar roupas apertadas, coladas ao corpo, já que podem friccionar a pele ou provocar transpiração, que pode exacerbar tanto o eczema atópico como a desidrose. Algumas pessoas acham que o sabão de lavar roupas pode irritar a pele — consulte o tópico 40. "Use sabões não biológicos para lavar roupas", no Capítulo 5, para mais detalhes.

8. PERCEBA QUANDO VOCÊ SE COÇA

Uma pesquisa feita pela National Eczema Society, uma sociedade sem fins lucrativos para aconselhamento dos portadores de eczema na Inglaterra, entre 440 pacientes de eczema, revelou que eles encaravam a coceira como o pior aspecto de sua condição. Oitenta e cinco por cento dos entrevistados disseram que isso afetava o sono, 62 por cento afirmaram que afetava o trabalho e 68 por cento atestaram que interferia em sua vida social.

Acabe com essa coceira

As dicas de cuidados com a pele mencionadas até agora devem ajudar a aliviar a coceira causada pelo eczema, mas outros fatores podem estar envolvidos. Um passo importante para diminuir o problema é identificar quando e por que você se coça. Assim, se estiver usando emolientes regularmente e ainda achar que sua pele está coçando, você precisa determinar o que piora a coceira. Está usando o tipo errado de emoliente? Lembre-se, você precisa de tipos diferentes para ambientes diferentes. Durante uma semana, anote quando sua pele coça mais. A coceira é mais problemática durante o dia? Será que suas roupas não estão irritando sua pele? A coceira costuma piorar à noite? Sua roupa de cama poderia estar irritando sua pele, ou o ambiente em seu quarto está muito quente ou muito frio? Para mais ideias do que poderia estar piorando sua coceira, por exemplo, as substâncias químicas dos produtos de limpeza domésticos, consulte o Capítulo 4 — O Campo de Batalha Doméstico. Depois de tomar todas as atitudes para reduzir a coceira, concentre sua atenção em resistir ao impulso de se coçar.

O hábito de se coçar

A resposta natural a uma coceira é coçar — infelizmente, essa ação piora o eczema, provocando a liberação da histamina, substância química envolvida em reações alérgicas. Isso, por sua vez, aumenta a coceira, fazendo com que você se coce mais e prejudique a epiderme, inclusive rompendo a pele e deixando-a aberta a infecções e ao aumento da inflamação. Isso leva à coceira e a fazê-lo coçar-se ainda mais, estabelecendo-se um círculo vicioso. Em casos de eczema crônico, o ato de se coçar muitas vezes se torna um hábito. Dermatologistas e psiquiatras no Hospital de Chelsea e Westminster, na Inglaterra, conduziram uma pesquisa que apontou que os emolientes e esteroides eram de pouca utilidade se os pacientes continuassem a se coçar. Desenvolveram, então, um programa para ajudar os pacientes com eczema a romper com o hábito de se coçar. O programa ajuda os portadores de eczema a tomarem consciência de quando e como se coçam e depois sugere técnicas para ajudá-los a romper com esse hábito e substituí-lo por uma atitude mais saudável. Algumas pessoas acham que isso pode ajudá-las a controlar a coceira quando usado emolientes e cremes com esteroides.

O primeiro passo para romper com o hábito de se coçar é tornar-se consciente de quando, onde, por que e como você se coça. Mantenha um caderno de anotações e uma caneta à mão e registre: a hora do dia, o lugar, como se coça e a razão. Por exemplo, um estudo afirma que muitos pacientes se coçam enquanto assistem à televisão. Você pode perceber que a primeira coisa que faz ao acordar é se coçar, quando chega à casa depois do trabalho, ou na hora de dormir quando está cansado... Você costuma se coçar como reação a uma coceira, ou é apenas por hábito a maioria das vezes? O ato de se coçar quer dizer friccionar, esfregar com alguma coisa ou contra alguma coisa e arranhar. Ao anotar esses detalhes, você terá condições de determinar seus "momentos de risco", quando é mais provável que venha a se coçar. Planeje atividades que o ajudem a lidar com esses períodos. Por exemplo, se costuma se coçar quando chega à casa depois de um dia estressante de trabalho, proponha-se a fazer algo relaxante como primeira atitude — como ouvir música ou tomar um banho gostoso de banheira.

Modelo de anotação para o ato de se coçar

Quando você se coça?		
Onde você está?		
Por que você se coçou?		
Como você se coçou?		

9. PARE DE SE COÇAR

O programa da clínica de eczema do Hospital de Chelsea e Westminster sugere que, toda vez que tiver vontade de se coçar, feche os punhos suavemente por 30 segundos, enquanto pensa em algo agradável e tranquilizante. Acho que me imaginar deitada numa praia dourada sob um glorioso céu azul e ao som das ondas batendo afasta completamente minha mente da coceira. Se a região ainda estiver coçando quando você chegar ao tempo estipulado, comprima a unha — preferivelmente curta — na área, ou belisque suavemente a pele. Isso ajuda a aliviar a coceira e é menos prejudicial que o ato de coçar. Se fechar o punho e usar a visualização for o suficiente para refrear o impulso de se coçar, não é preciso continuar para o estágio de comprimir a unha e beliscar o local.

A ideia é que fechar os punhos e pensar em coisas agradáveis ajuda a refrear o hábito de se coçar, enquanto comprimir ou beliscar o local ajuda a controlar o ato de coçar.

Uma revisão de intervenções de eczema atópico, no ano 2000, apontou que as técnicas de reversão de hábito como essas são úteis quando combinadas a outros tratamentos, por exemplo, emolientes e/ou esteroides. O programa de seis semanas do Chelsea e Westminster está detalhado em um livro chamado *The Eczema Solution* (A Solução para o Eczema, não publicado no Brasil).

> **Redução de risco**
>
> Enquanto estiver tentando reduzir a coceira e a vontade de se coçar, é possível também adotar atitudes práticas para reduzir o dano na pele, provocado pela coceira. Manter as unhas bem curtas é uma maneira simples de limitar o dano na pele causado pela coceira. Para crianças, colocar luvas de algodão na hora de dormir pode ajudar a diminuir os efeitos do ato de se coçar durante a noite.

CAPÍTULO 3

Do Lado de Fora

Este capítulo enfoca como a alimentação pode estar envolvida nos sintomas de seu eczema. Uma dieta equilibrada é importante para a saúde geral e pode melhorar seu eczema — principalmente se estiver vinculado às deficiências de nutrientes específicos tais como as vitaminas A, complexo B, C e E, zinco e ácidos graxos essenciais. Também englobará os suplementos comumente sugeridos para o tratamento de eczema, além de especificar se a recomendação é baseada em pesquisa científica ou evidências circunstanciais.

Algumas pessoas acreditam que as alergias, intolerâncias alimentares e até mesmo infecções por fungos, como a candidíase, causados pela ingestão de determinados alimentos, estão vinculadas ao eczema. Os alimentos mais comumente envolvidos — por exemplo, trigo, laticínios, amendoim e açúcar — serão explicados neste capítulo. Contudo, a ideia de que excluir determinados alimentos da dieta pode melhorar os sintomas do eczema é controversa, por isso incluí aqui opiniões de especialistas e os pontos importantes a se ter em mente, caso você resolva fazer mudanças em sua dieta alimentar.

10. MANTENHA A PELE BEM HIDRATADA

Beber bastante água é vital para o bem-estar e para a saúde da pele. Mantenha sua pele bem hidratada bebendo bastante líquido — o ideal gira em torno de 2 litros de água por dia.

Acredita-se que as águas de algumas regiões oferecem benefícios específicos para a saúde. A água da marca *Lakeland Willow Spring*, extraída da fonte na Cumbria, distrito no noroeste da Inglaterra, é rica em salicina, composto que se obtém no estado puro da casca de salgueiro e de algumas espécies de choupos; tem propriedades anti-inflamatórias e dizem que ajuda a acabar com o eczema. Kate Murray, portadora de eczema de Hampshire, um condado ao sul da Inglaterra, afirma que encontrou alívio para seu eczema pela primeira vez em dez anos quando começou a beber a água *Lakeland Willow Spring*. E pensar que um veterinário local havia recomendado para os problemas de pele de seu animal de estimação! Entretanto, as evidências são estritamente circunstanciais, já que ainda não existe nenhuma prova clínica que embase essas afirmações.

No Brasil, existem diversas estâncias termais e hidrominerais, cujas águas apresentam propriedades curativas e depurativas, que são conhecidas por proporcionar excelente resultado para as doenças da pele.

11. NUTRA SUA PELE COM UMA ALIMENTAÇÃO EQUILIBRADA

Se você sofre de eczema, é muito importante que se alimente bem para se manter saudável e ajudar a prevenir as crises. Uma dieta equilibrada consiste de mais ou menos um terço de frutas e verduras e um terço de carboidratos não refinados, como o pão, macarrão e arroz integrais e batatas cozidas com casca. O terço restante deve compreender, grosso modo, uma quantidade igual de alimentos proteicos, como peixe, frango, carne magra, laticínios de baixo teor de gordura como iogurte e queijo, com uma pequena quantidade de açúcar e alimentos gordurosos.

Frutas e verduras são responsáveis por suplementar vitaminas, minerais e fibras, assim como nutrientes vegetais que geralmente evitam as enfermidades. Também contêm as vitaminas antioxidantes A, C e E, que são reputadas como um meio de proteger a pele do dano provocado pelo sol e pelos poluentes. Acredita-se que a quercetina — um nutriente vegetal encontrado em frutas e verduras tais como maçã e cebola — reduza a resposta alérgica.

Alimentar-se de maneira saudável está relacionado a alcançar o equilíbrio adequado. Você ainda pode consumir alimentos gordurosos e açucarados — contanto que os encare como um regalo a ser consumido com moderação.

Uma alimentação equilibrada proverá os nutrientes necessários para uma pele saudável. Isso inclui as vitaminas A, o complexo B, C e E e o zinco. Pesquisas sugerem que é melhor obtê-las por meio da alimentação tanto quanto possível.

Vitamina A

A vitamina A é um antioxidante. Os antioxidantes neutralizam os radicais livres, conhecidos por envelhecer, produzidos pelo corpo quando estamos estressados ou expostos ao sol e a poluentes tais como a fumaça de cigarro, substâncias químicas e aditivos alimentares. A vitamina A também é essencial para o crescimento e recuperação da pele, assim como para ajudar a conter infecções, aliviar os sintomas de alergia e estimular a retenção de umidade.

Essa vitamina é encontrada em duas formas — no retinol e no betacaroteno. O retinol provém de produtos animais como o fígado, óleos de fígado de peixe, gemas de ovo, leite integral, queijo e manteiga. O betacaroteno é encontrado em plantas — especialmente em frutas e verduras amarelas e cor de laranja, como cenouras, batatas-doces, abóbora moranga, melões cantaloupe, laranja, pimentões amarelos e damascos.

Vitaminas do complexo B

Uma quantidade adequada de vitaminas do complexo B é essencial para conservar uma pele saudável. Acredita-se que a deficiência de alguma das vitaminas B — especialmente a biotina e a vitamina B6 — contribui para o eczema, inclusive o eczema seborreico.

Dentre as boas fontes das vitaminas do complexo B estão os cereais integrais, as nozes, as sementes, o germe de trigo, a carne (especialmente o fígado), o peixe e os ovos.

Vitamina C

A vitamina C também tem um efeito antioxidante e é essencial para a produção de colágeno, a principal proteína que propicia força, elasticidade e umidade à pele. Também tem propriedades anti-histamínicas e ajuda a combater as infecções de pele.

A vitamina C é encontrada em frutas e verduras — especialmente frutas cítricas, cassis ou groselha preta, as chamadas frutas vermelhas, pimentões, brócolis e repolho.

Vitamina E

A vitamina E é também um antioxidante e ajuda a manter a pele macia e suave. Em um estudo, 50 por cento dos participantes que tomaram suplementos de vitamina E tiveram bem menos eczema depois de oito meses, enquanto apenas 2 por cento que tomaram um placebo relataram que o eczema melhorou. Quinze por cento daqueles que tomaram os suplementos afirmaram que o eczema sumiu completamente. Um estudo japonês mostrou que o composto de vitamina E e B2 foi mais efetivo em reduzir o eczema que quando uma ou outra é tomada em separado. No entanto, os resultados foram considerados inconclusivos porque não houve um grupo de controle tomando placebo para comparar com os resultados. Outros estudos descobriram que a vitamina E não ajuda as pessoas com eczema, mas é útil na prevenção do problema.

A vitamina E é encontrada em nozes e sementes, abacates, batatas-doces, azeite de oliva e germe de trigo.

Zinco

O zinco é um mineral importante para a proteção, manutenção, defesa e cura da pele. Acredita-se que sua carência pode afetar o metabolismo dos ácidos graxos e, consequentemente, contribuir para os sintomas do eczema. Um teste clínico fracassou, porém, em demonstrar que a suplementação de zinco beneficia o eczema atópico.

O zinco é encontrado na carne, mariscos, pão, cereais integrais, feijões, lentilhas, nozes, sementes e laticínios tais como queijo e leite.

Ácidos graxos essenciais

Ácidos graxos essenciais (AGE) são gorduras que não podem ser produzidas pelo corpo e são necessárias para várias funções, inclusive à saúde da pele.

Pesquisas sugerem que alguns portadores de eczema podem ter uma deficiência em ácidos graxos essenciais, ou ter problemas em metabolizá-los. Garantir sua ingestão pela alimentação, ou por suplementos, ajuda a reduzir os sintomas.

Os ácidos graxos ômegas-3 são anti-inflamatórios e, acredita-se, ajudam a proteger a pele, assim como ajudam a cura de muitas enfermidades comuns, inclusive doenças cardiovasculares e artrite. Boas fontes de ômega-3 são os peixes gordos: sardinha, arenque, salmão e cavala; nozes: castanha-do-pará e as amêndoas; sementes: em especial gergelim; óleos, inclusive o de semente de cânhamo; feijão de soja, girassol, canola, semente de uva e gema de ovo.

Os ácidos graxos ômegas-6 são também anti-inflamatórios e podem ajudar a prevenir e tratar uma série de condições, bem como promover a saúde da pele. O ácido gama linoleico é um tipo de ácido graxo ômega-6. Uma das fontes mais conhecidas é o óleo de prímula. Esses ácidos são também encontrados nos óleos de girassol e de milho, no azeite de oliva, na azeitona, em nozes, sementes, algumas verduras e grãos.

> **Petiscos para semear saúde**
> Em vez de ficar beliscando salgadinhos ou biscoitos, experimente um punhado de sementes de girassol, gergelim e abóbora. Assim como os AGE, elas contêm ferro, zinco, cálcio e magnésio.

12. SUPLEMENTOS ALIMENTARES

Se for difícil manter uma dieta equilibrada, por qualquer que seja a razão, os suplementos podem ajudar a salvaguardá-lo das deficiências nutricionais. Os suplementos são objeto de controvérsia, há inclusive alguns relatos recentes afirmando que substâncias isoladas não proporcionam os mesmos benefícios que os nutrientes encontrados nos alimentos. Contudo, para muitos de nós, os suplementos representam um meio conveniente de melhorar nossa alimentação. Fique atento para produtos de balcão que não são registrados, por isso não há garantia de seu conteúdo e qualidade. Em caso de dúvida, consulte um médico ou farmacêutico.

Às vezes, não existem evidências científicas para embasar essas afirmações. Isso não quer dizer que uma substância não faz efeito ou não é segura, mas simplesmente que ainda não há pesquisas suficientes para comprovar.

Óleo de prímula

Rico em ácido gama linoleico, um ácido graxo da família ômega-6, o óleo de prímula, derivado de uma planta florescente encontrada nas Américas do Norte e do Sul, vem sendo recomendado para o tratamento e prevenção do eczema desde 1930. Acredita-se que o ácido gama linoleico bloqueie o caminho dos mensageiros químicos, conhecidos como prostaglandinas, que estão vinculados à inflamação e à coceira. As evidências são conflitantes, com alguns estudos relatando nenhum benefício e outros sugerindo uma pequena melhora — especialmente em termos de redução da coceira. Talvez valha a pena tomar esse suplemento por três meses para testar seus benefícios. Tudo indica que o produto é seguro quando tomado conforme recomendado pelo fabricante, com exceção de pessoas com epilepsia, pois pode aumentar o risco de ataques. São necessárias altas doses de 6 a 8 g diariamente, mas Helen Pugsley, professora assistente de Dermatologia na Universidade de Cardiff, Inglaterra, adverte que essa dosagem "é um problema para crianças pequenas", cuja dose recomendada é de 2 a 4 g.

Óleos de peixe

Os óleos de peixe contêm ácidos graxos ômega-3 e são recomendados com frequência como suplementos, benéficos para pacientes com eczema. No entanto, existe pouca evidência de sua eficácia. Um estudo, em 1989, sugeriu que 10 g de óleo de peixe reduz os sintomas do eczema, inclusive a coceira e a escamação. Os pesquisadores afirmaram que os óleos de peixe funcionaram reduzindo os níveis de uma substância inflamatória chamada leucotrieno B4, que está vinculada ao eczema.

Revisões subsequentes à pesquisa concluíram que não há provas de que o óleo de peixe ajude na eczema. Mas talvez valha a pena experimentá-lo, uma vez que se acredita que também seja benéfico para a saúde física e mental.

Alcaçuz

O alcaçuz é usado por muitos herboristas para o tratamento do eczema. Contém ácido glicirretínico, que se acredita aliviar a coceira e a inflamação. É com frequência incluído nos preparados fitoterápicos chineses, que estão se tornando mais populares no tratamento desse distúrbio. O alcaçuz pode ser ingerido via oral ou em cremes com o ácido glicirretínico da planta, que podem aliviar a coceira. Há evidências circunstanciais, porém não científicas, para embasar tais afirmações.

Chá de camomila

O chá de camomila é tradicional no alívio de vários problemas de saúde, inclusive dermatites. Também se acredita que tenha propriedades anti-inflamatórias. Existem apenas evidências verbais não documentadas da veracidade dessas crenças.

> ### Cura chinesa?
>
> Pesquisa recente feita em Hong Kong, publicada na revista *British Journal of Dermatology*, concluiu que uma mistura de ervas usada pelos chineses há milhares de anos pode aliviar o eczema. A mistura é composta de madressilva, hortelã, casca da raiz da peônia, o caule sob a terra das plantas da família das asteráceas, (como o absinto, alface, girassol, cri-

> sântemo e margarida) e a casca do *Phellodendro amurense*, uma árvore de cortiça que nasce na região do Rio Amur, entre a China e a Rússia.
>
> Pessoas com eczema e idade entre 5 e 21 anos relataram uma melhora drástica nos sintomas e uma redução na necessidade de tratamentos convencionais, tais como o uso de esteroides.
>
> Nina Goad, da Associação Britânica de Dermatologistas (BAD), comentou: "Esses estudos iniciais mostram que as crianças com eczema atópico melhoram com o uso de uma mistura específica de ervas tradicionais chinesas, que podem eventualmente validar o caminho para que o remédio seja reconhecido pela medicina tradicional. É preciso que haja precaução no uso desses medicamentos, por isso opte sempre por consultar um médico".

13. IDENTIFIQUE SUAS ALERGIAS A ALIMENTOS

Algumas pessoas afirmam que o eczema decorre de uma sensibilidade à comida e encontram alívio quando evitam o que acreditam ser o elemento agressivo. A sensibilidade a algum alimento é complexa, mas existem duas formas principais: a imediata e a de efeito retardado.

Sensibilidade imediata

A sensibilidade imediata é caracterizada por um sintoma como a coceira, que aparece dentro de uma ou duas horas depois do alimento ingerido. Outros sinais comuns são vermelhidão da pele, irritação e inchaço em torno da boca, eczema, urticária, coceira nos olhos, dor de estômago, fraqueza muscular, vômito, respiração ofegante e espirros. Essa é uma alergia de fato, pois envolve o sistema imunológico. A reação grave, ou anafilaxia, é quando os sintomas são mais pronunciados, podendo haver inchaço dos lábios, boca e língua. Em casos extremos, pode haver uma queda repentina da pressão arterial e perda de consciência — o choque anafilático — que pode levar à morte.

Alguns pesquisadores acreditam que as pessoas que reagem desse jeito extremo a certos alimentos podem ter uma parede intestinal perfurada, que fica permeável em excesso, possivelmente em razão do estresse ou de substâncias irritantes tais como café, álcool e alguns medicamentos. Esse estado permite que moléculas de comida entrem na corrente sanguínea e desencadeiem a resposta imunológica.

Chame uma ambulância imediatamente se suspeitar de uma reação anafilática. Se experimentar sintomas mais leves de sensibilidade à qualquer tipo de comida, consulte seu médico tão logo seja possível.

Sensibilidade de efeito retardado

Na sensibilidade de efeito retardado, sintomas tais como coceira e eczema pronunciados aparecem dentro de seis a 24 horas depois da ingestão do alimento desencadeador. Pode haver também dor de estômago e diarreia. Como não há resposta do sistema imunológico, essa não é uma alergia verdadeira. É mais provável que seja uma intolerância, normalmente conhecida como hipersensibilidade não alérgica.

Se você for atópico, corre o risco de sofrer de ambas as sensibilidades, tanto a imediata como a de efeito retardado.

Os culpados mais comuns

Os alimentos mais implicados nesse tipo de sensibilidade são normalmente as proteínas, encontradas no trigo, leite e amendoins. Uma pequena quantidade pode disparar uma reação alérgica. Esse tipo de problema é mais comum em bebês e crianças pequenas, geralmente desaparece por volta dos 5 anos.

Os alimentos vinculados à sensibilidade de efeito retardado relacionam-se à dieta padrão de determinado país. Por exemplo, o trigo e o leite são causas comuns no mundo ocidental; já na Ásia a tendência é uma sensibilidade maior ao arroz.

Dentre os alérgenos culpados estão os grãos (trigo, cevada, aveia e milho), laticínios (leite, queixo e ovos de galinha). Amendoim, nozes (amêndoas, avelãs, pecãs e nozes), carne de vaca, de frango, de porco, peixe branco, frutos do mar (por exemplo, camarões), frutas cítricas, bananas, chocolate e soja podem também ser responsáveis pelas reações sensíveis à comida. Outros elementos que também disparam uma reação são o chá, o café, o álcool, o fermento e aditivos alimentares.

Sensibilidade ao trigo

Acredita-se que a alergia ao trigo seja relativamente comum. Um dos principais alérgenos no trigo é uma proteína chamada gliadina, que é encontrada no glúten. É por isso que pessoas alérgicas ao trigo são aconselhadas a não ingerir alimentos que contenham glúten.

É bom observar que a alergia ao trigo e a doença celíaca são condições diferentes. Os alimentos que são rotulados como "não contém glúten" podem não ser adequados para pessoas com alergia ao trigo, por exemplo.

Desde maio de 2003, a legislação da Agência Nacional de Vigilância Sanitária — Anvisa, que regula a rotulagem dos produtos, exige que o rótulo especifique os cereais que contenham glúten, tais como trigo, cevada, centeio e aveia.

Se você acredita ser alérgico, não tolerante ao trigo, ou que esses ingredientes exacerbem seu eczema, é melhor consultar um médico ou outro profissional de saúde antes de mudar sua alimentação.

Sensibilidade a laticínios

Acredita-se que os laticínios sejam uma das causas mais comuns das intolerâncias alimentares entre os sofredores de eczema. A intolerância ao leite e seus derivados pode ser devida a uma incapacidade de quebrar a lactose, o açúcar do leite, para absorção; daí a denominação "intolerância à lactose", ou resposta alérgica às proteínas do leite.

Os especialistas se dividem quanto ao benefício de se eliminar ou não os laticínios da alimentação. Alguns sofredores de eczema ou pais de crianças com o mesmo problema alegam que tomar essa atitude reduz os sintomas.

Altere sua dieta alimentar somente se já tiver comprovado por meios confiáveis sua intolerância à lactose. Os alimentos derivados do leite nos suprem de nutrientes essenciais, tais como o cálcio — eliminá-los de sua alimentação pode provocar outros agravos à saúde, inclusive insônia, osteoporose e problemas de crescimento nas crianças, a menos que fontes alternativas sejam ingeridas. Isso inclui verduras de folhas verde-escuro, sardinhas — inclusive as espinhas —, amêndoas, castanha-do-pará, sementes, damascos secos, figos, tâmaras, lentilhas e feijões. Siga os conselhos de seu médico ou nutricionista. Estabelecer uma alimentação sem laticínios requer disciplina e determinação. Tomar essa atitude fica mais fácil se você preparar as próprias refeições. É preciso ler os rótulos dos alimentos porque o leite e os produtos lácteos são usados em muitas comidas processadas. A palavra "leite" aparece sob muitos disfarces — soro, caseína, caseinatos, lactalbumina e lactose. Hoje em dia, a maioria dos supermercados oferece produtos sem lactose, por exemplo, aqueles que contêm leite e queijo de soja ou de cabra, que parecem provocar menos reações adversas. Algumas pessoas com essa intolerância optaram pelo iogurte e não relataram problemas. Acredita-se que a bactéria que contêm quebra as proteínas do leite, tornando-os mais fáceis de digerir.

Sensibilidade ao amendoim

Os amendoins são conhecidos, dentre outros nomes, como caranga e amendo em alguns países. A pessoa alérgica ao amendoim normalmente corre risco de vida. Mas as pesquisas indicam que, em alguns poucos casos, as crianças diagnosticadas com alergia ao amendoim podem vir a se curar.

Os amendoins são uma das causas mais comuns de alergia alimentar e podem causar reações que variam do eczema atópico ao choque anafilático. Esse legume contém vários alérgenos que não são destruídos pelo cozimento. Na verdade, a reação de indivíduos sensíveis ocorre com maior frequência com amendoins torrados. Ingerir algo que contenha ligeiros traços, ou até mesmo ficar perto de alguém comendo amendoim, pode ser suficiente para causar uma reação alérgica em algumas pessoas. Às vezes usa-se o amendoim para substituir o *pinole* em produtos alimentícios como o *pesto* (molho de manjericão, *pinole* e parmesão). Assim, aqueles que são alérgicos ao amendoim devem ter cuidado ao ingerir pratos preparados com *pinole* e pinhão.

A resolução normativa 172, de 2003, da Anvisa, exige que os fabricantes indiquem claramente no rótulo se o produto contém amendoim — ou se um de seus ingredientes o contém, e a quantidade.

Profissionais de saúde geralmente concordam que é improvável que o óleo de amendoim refinado cause problemas a pessoas alérgicas, porque quase todas as proteínas que causam reações alérgicas são removidas durante a fabricação. Mas o óleo de amendoim refinado ainda está sob revisão das regras de rotulagem de alimentos, portanto aparece como "óleo de amendoim" nas embalagens de comidas pré-embaladas. O óleo de amendoim prensado a frio, ou não refinado, pode conter proteínas do amendoim, que pode provocar uma reação em indivíduos sensíveis.

Algumas pessoas alérgicas ao amendoim podem também reagir à soja, feijões-verdes, ervilhas e ao tremoço, porque esses alimentos contêm alérgenos semelhantes àqueles encontrados nos amendoins. Alérgicos ao amendoim podem ainda ter a mesma intolerância a nozes, amêndoas, castanhas-do-pará, pecãs e avelãs.

14. FIQUE ATENTO AOS ADITIVOS ALIMENTARES

Alguns especialistas acreditam que a incidência maior de eczema é decorrente do uso exacerbado de aditivos alimentares. De acordo com a *Food Stardards Agency*, a agência inglesa encarregada da padronização dos alimentos, estudos mostraram que os alimentos contendo Tartrazina podem desencadear eczema em algumas pessoas. Evidências fundamentadas em depoimentos vinculam alguns outros corantes alimentares a erupções de pele. São eles:

quinoleína amarela
amarelo crepúsculo
carmoisina
amaranto (vermelho bordeau)
corante ponceau
vermelho 2G
marron HT

Acredita-se que certos conservantes possam irritar a pele e, consequentemente piorar os sintomas do eczema. São eles:

ácido sórbico
para-hidroxibenzoato de propila, propilparabeno
para-hidroxibenzoato de propila de sódio, propilparabeno de sódio
para-hidroxibenzoato de metila, metilparabeno
Para-hidroxibenzoato de metila de sódio, metilparabeno de sódio

Fonte: http://www.anvisa.gov.br/alimentos/aditivo.htm

15. MANTENHA UMA DIETA ALIMENTAR CORRETA DURANTE A GRAVIDEZ E A INFÂNCIA

Bichinhos do bem

Um estudo de pequenas proporções, realizado em 2001, apontou que crianças que tomam probióticos duas vezes por dia tinham maior probabilidade de melhora de sintomas de eczema do que aquelas que fizeram o tratamento com um placebo. Os suplementos usados nesse estudo continham as bactérias chamadas de *Lactobacillus rhamnosus* e *Lactobacillus reuteri*.

Em 2006, foi feito outro estudo mais amplo com 1.223 mulheres no último mês de gestação. Metade delas tomou uma mistura probiótica contendo *Lactobacilli* e *Bifidobacteria*, e a outra metade ingeriu um placebo. Os bebês receberam a mistura, ou o placebo durante seis meses. Os resultados mostraram que a mistura de probióticos reduziu a incidência de eczema.

Um estudo realizado em 2008 apresentou resultados semelhantes. Alguns especialistas possuem a teoria de que o aumento das alergias é por que um grande número de pessoas não foi exposto a bactérias durante a infância. Acredita-se que isso se deve parcialmente ao fato de não consumirmos mais alimentos não pasteurizados, que estimule o sistema imunológico. Supõe-se que esses probióticos tenham um efeito similar. Seria preciso mais pesquisas para comprovar. Mas, enquanto isso, talvez seja aconselhável incluir probióticos como o iogurte natural em sua dieta, especialmente durante a gravidez. Encoraje seus filhos a fazerem o mesmo. Existem vários tipos disponíveis — eu particularmente acho o bioiogurte natural delicioso, sozinho ou com frutas frescas, ou como um substitutivo para o molho de comidas mexicanas como o *chilli* com carne. Algumas crianças podem achar o sabor muito ácido — experimente colocar mel para adoçá-lo.

Amamentar é a melhor solução!

Se a sua família é propensa a alergias e existe a preocupação de os filhos estarem em risco, recomenda-se que a mãe amamente no peito durante os primeiros quatro a seis meses. O leite materno é superior em termos nutricionais ao de vaca — é produzido pelo corpo para os bebês e contém o equilíbrio correto de nutrientes, anticorpos, hormônios e antioxidantes de que os bebês precisam para se desenvolver. Também é muito mais fácil de digerir do que o leite de vaca e permite que o sistema digestivo da criança se prepare para a introdução de alimentos sólidos, tornando menos provável o desenvolvimento de intolerâncias e alergias.

Se não puder amamentar, ou não quiser fazê-lo, existem fórmulas hidrolisadas em que as proteínas são quebradas em pequenos pedaços que mudam sua estrutura, de modo a serem digeridas mais facilmente que os preparados normais, além de ajudar a reduzir o risco de alergias e intolerâncias. Algumas pesquisas mostram que as fórmulas de leite infantil contendo prebióticos podem reduzir o risco de desenvolver eczemas.

Adie a introdução de alimentação sólida

Tendo em vista que a alergia a alimento é especialmente vinculada ao eczema atópico em crianças, os especialistas recomendam adiar a introdução de sólidos aos bebês até os quatro a seis meses de vida para diminuir o risco. Evite introduzir fatores desencadeantes alimentares comuns, tais como leite de vaca, ovos, trigo, amendoim, frutas cítricas, peixe e chocolate até o período de seis a nove meses de vida do bebê, ou até mesmo um ano. Procure não dar amendoins a seu filho até pelo menos a idade de quatro anos. Também é uma boa ideia introduzir novos alimentos um de cada vez e esperar um ou dois dias para verificar possíveis sinais de reação. Todos esses pontos são muito importantes, se houver um histórico familiar de alergias.

O que dizem os especialistas

A ideia de que alguns alimentos podem causar eczema é motivo de controvérsias. Uma pesquisa recente feita com 100 pacientes de eczema, na *Leicester Royal Infirmary* (Enfermaria Real de Leicester), revelou que embora quase um terço tenha tentado excluir os alimentos, tais como laticínios, trigo, álcool, ovos e tomates, 80 por cento sentiram que não havia nenhuma melhora na condição de suas peles. Como resultado, os dermatologistas do departamento advertiram os pacientes de eczema contra a mudança na alimentação sem primeiro consultarem um médico.

De acordo com a Associação Britânica de Dermatologistas (BAD), as pessoas atópicas têm maior probabilidade de sofrer de alergia alimentar, mas é raro que tais alergias provoquem eczema. Aconselha as pessoas com eczema a se concentrarem numa alimentação saudável e bem equilibrada.

Segundo Helen Pugsley, professora assistente de Dermatologia na Universidade de Cardiff, Inglaterra: "Existem cinco grandes grupos alimentares conhecidos por exacerbar o eczema, mas não há nenhuma evidência clínica de que dietas de exclusão funcionem para o caso".

Pesquisas recentes mostraram que os cremes com hidrocortisona e emolientes podem muitas vezes acabar com o eczema sem a necessidade de se recorrer a dietas alimentares de exclusão. Os especialistas recomendam que tais dietas só devem ser adotadas quando outras terapias não tiveram sucesso em trazer alívio.

Opiniões de terapeutas nutricionais

O consultor nutricional Patrick Holford defende a detecção e eliminação dos alérgenos. Segundo ele, os culpados mais comuns são o leite, os ovos e os amendoins. Também aconselha a comer cereais integrais, frutas frescas, verduras e peixes gordos, evitando ao mesmo tempo os alimentos processados, refinados e açucarados, limitando a ingestão de carne vermelha, laticínios e frituras. Além disso, recomenda tomar um bom suplemento multivitamínico e mineral, para estimular o sistema imunológico e fornecer os nutrientes necessários para curar a pele, e um suplemento de ácido graxo essencial. Holford acredita que, embora uma dieta alimentar assim possa demorar um pouco para funcionar, trará alívio de longa duração.

O Dr. Andrew Weil, especialista em medicina integrada, e Ian Marber, "The Food Doctor", *o doutor em comida* de famosa consultoria em alimentação, dão conselhos semelhantes. Weil explica que os alimentos processados, em especial aqueles que contém gorduras hidrogenadas ou óleos vegetais poli-insaturados e alimentos açucarados aumentam a inflamação. Marber sugere que os carboidratos refinados, inclusive alimentos açucarados, podem perturbar o metabolismo dos ácidos graxos essenciais, o que, como já vimos anteriormente, pode ser um problema para pessoas com eczema atópico.

Holford, Weil e Marber recomendam probióticos diariamente para estimular as bactérias saudáveis no intestino. Isso pode ser feito através de um suplemento ou bioiogurte natural.

16. APRENDA POR MEIO DAS EXPERIÊNCIAS DOS OUTROS COM A COMIDA

A história de Kathleen Waterford

Kathleen Waterford acredita que uma infecção por fungos — a cândida — foi responsável por seu grave eczema. Afirma que seguir uma alimentação natural do tipo "homem das cavernas" — isto é, frango, peixe, um pouco de carne, nenhuma verdura ou legume, nozes, sementes, azeite de oliva, evitando o açúcar, laticínios e grãos — curou seus sintomas. Ela também sugere a reintrodução de certos alimentos ricos em amido, tais como o arroz integral e batatas, depois de cinco semanas seguindo suas recomendações iniciais, o que torna a alimentação mais equilibrada. Embora essa dieta pareça extrema e que não deve ser seguida sem antes consultar um médico, pode valer a pena experimentar se outras alternativas falharam. A dieta do "homem das cavernas" é mais equilibrada do que parece a princípio — embora exclua laticínios, que são ricos em cálcio construtor dos ossos, inclui outras fontes, tais como verduras folhosas escuras, nozes e sementes.

Mais detalhes podem ser encontrados no livro de Kathleen, *The Skin Cure Diet* (A Dieta que Cura a Pele, não publicado no Brasil), em que ela delineia suas experiências e a dieta que segue.

> ### O que é cândida?
>
> Cândida é um tipo de fungo que pode ser encontrado em regiões escuras e úmidas do corpo, inclusive a boca, os tratos digestivo e geniturinário, assim como na pele. Acredita-se que as bactérias saudáveis controlem o número de fungos no intestino, mas, se o sistema imunológico estiver desgastado, for seguida uma alimentação à base de açúcares ou haja insuficiências de "boas" bactérias no intestino, a cândida possa crescer fora de controle e ter um efeito prejudicial na saúde do indivíduo. Os sintomas comuns incluem aftas, e algumas pessoas acreditam que o eczema também pode ser causado pela cândida. Contudo, a classe médica geralmente é cética diante dessas afirmações.

A história de Jennifer Worth

Jennifer Worth, ex-enfermeira chefe e autora do best-seller *Call the Midwife* (Chame a Parteira, ainda não publicado no Brasil), também sofreu de eczema debilitante e experimentou todo tipo de tratamento imaginável — inclusive cremes com esteroides, cura espiritual, homeopatia, aromaterapia, hipnoterapia e medicina fitoterápica chinesa.

Depois de dois anos sofrendo de eczema grave por todo o corpo, conheceu um médico que era membro da Sociedade Britânica para Alergia e Medicina Ambiental e Nutricional, e ele próprio portador de eczema. Era um especialista em condições relatadas de alergia e tinha tratado com sucesso pacientes de eczema. Depois de lhe contar que sua pele certa vez tinha melhorado depois de não comer por dois dias devido a um problema estomacal, ele afirmou que, assim que encontrassem uma alimentação adequada, sua pele começaria a se limpar.

Jennifer, então, seguiu uma dieta de eliminação que consistia de carnes frescas, verduras em raízes, verduras de folhas verdes, arroz, azeite de oliva, sal e água mineral. Depois de experimentar várias combinações de alimentos, ela descobriu ser alérgica a arroz e cebolas. Gradualmente, reintroduziu os alimentos e percebeu que vários deles, inclusive maçãs, peras, bananas e peixe, desencadeavam seu eczema. Por fim, seu médico concordou em encaminhá-la para um tratamento desensibilizante, que lhe possibilitou comer mais alimentos sem que sua pele reagisse. A Desensibilização Potencializada com Enzimas (EPD, sigla do inglês *Enzyme Potentiated Desensitisation*) é um tratamento experimental e já foi tentado há décadas, mas geralmente não é aceito como eficaz. A EPD usa diluições de alérgenos e uma enzima, betaglicuronidase, para que os linfócitos responsáveis respondam ao tratamento, ou a regulação, em vez da sensibilização. A EPD também foi experimentada para o tratamento de doenças autoimunes, mas novamente não foi aprovado pela FDA dos Estados Unidos, ou teve a eficácia comprovada.

Parece que o caso de Jeniffer foi muito incomum e extremo, pois ela não tem certeza do que fez seu corpo reagir tão mal a tantos alimentos do dia a dia. Contudo, acredita que a intolerância alimentar pode ser a causa oculta de alguns casos de eczema. Você pode saber de detalhes em seu livro *Eczema and Food Allergy — The Hidden Cause?* (Eczema e Alergia Alimentar — A Causa Escondida?, não publicado no Brasil).

17. FAÇA UM DIÁRIO ALIMENTAR

Embora eu tenha incluído neste livro informações sobre intolerância alimentar e estudos de casos em que foi demonstrada sua implicação nas causas do eczema, os especialistas previnem para que não se generalize, ou seja, nem todo eczema é causado por alimentos. Para muitas pessoas, manter uma alimentação equilibrada e ter um estilo saudável de vida resultará numa pele mais saudável.

Contudo, se seu eczema persistir, vale a pena manter um diário alimentar para determinar se há um elo entre o que você come e seus sintomas. Basta um bloco de notas comum para se fazer um diário durante quatro a seis semanas. Anote todo e qualquer alimento que ingerir e quaisquer sintomas, tais como mais coceira, vermelhidão e inchaço, dor de estômago, diarreia, náusea, problemas de sono etc. É capaz de você perceber um padrão no decorrer dos dias. Se seus achados confirmarem as suspeitas, seu próximo passo deve ser consultar um médico, munido com essas informações.

18. FAÇA UM TESTE DE PELE

Existem diversos testes de alergia — os primeiros dois podem ser feitos por seu médico.

Teste de arranhadura da pele

Esse teste é útil para o diagnóstico imediato de sensibilidade alimentar. Umas poucas gotas de extrato do alimento(s) suspeito(s) é (são) aplicado(s) à pele debaixo de um adesivo — normalmente no antebraço — e depois é feito uma pequena perfuração ou arranhadura. Se a região reagir ficando vermelha e coçando, está confirmada a sensibilidade.

Alguns especialistas afirmam que o teste não é confiável por causa das dificuldades em interpretar os resultados. Além disso, em virtude de a pele do portador de eczema ser tão sensível, o próprio arranhão pode disparar uma reação e não a substância. No entanto, um resultado positivo sugere que a sensibilidade alimentar é possível. Esse teste também pode ser usado para identificar alergias a outras substâncias tais como ácaros da poeira doméstica, caspas de animais, pólen e mofo. Quando houver ocorrido uma reação anafilática a um alérgeno específico, o teste de pele pode não ser apropriado ou necessário.

Teste de eliminação e desafio alimentar

Se os resultados de qualquer um dos testes apontarem uma sensibilidade alimentar, seu médico pode encaminhá-lo a um nutricionista que pode sugerir um "teste de alimentação e desafio alimentar", que envolve parar de comer o(s) alimento(s) suspeito(s) durante duas a seis semanas para confirmar a melhora ou não dos sintomas. O passo seguinte é reintroduzir o(s) alimento(s) e observar a reação no eczema. Finalmente, será pedido que exclua o(s) alimento(s) suspeito(s) para ver se o eczema some de novo. É melhor realizar o procedimento sob supervisão de um médico e de um nutricionista, para seguir uma alimentação equilibrada durante o processo. Isso é muito importante para crianças, já que a exclusão de alimentos particulares pode levar à má nutrição e déficit de crescimento.

Informações adicionais

Existem outros métodos de teste de alergia e intolerância alimentar que são amplamente divulgados — tais como o teste da pulsação e na cinesiologia aplicada —, mas não foram comprovados como confiáveis, por isso é melhor evitá-los. É preferível consultar seu médico ou um nutricionista qualificado. Seu médico pode encaminhá-lo a um especialista de confiança, caso os resultados de seu teste indicarem essa necessidade.

Por fim, a falta de sono pode aumentar os níveis de estresse e exacerbar o eczema. Certos alimentos e bebidas podem ajudar a promover o sono. Para mais informações de como dormir melhor, consulte o Capítulo 4 — Eczema e Emoções.

19. DURMA MELHOR, ESCOLHENDO O ALIMENTO E A BEBIDA CERTOS PARA SEREM INGERIDOS À NOITE

Os sintomas de eczema, tais como a coceira, podem perturbar seu sono e a falta dele pode fazer com que você se sinta estressado, o que pode exacerbar os sintomas. Evite os fatores desencadeantes de seu eczema na hora de dormir — como ácaros da poeira em um quarto quente demais — e de fazer uso dos tratamentos adequados. Os seguintes passos podem ajudar a melhorar a qualidade de seu sono.

Alimentos ricos em triptofano

Escolha alimentos ricos em triptofano, um aminoácido que seu corpo usa para produzir serotonina — substância que o cérebro converte no "hormônio do sono", a melatonina. A melatonina é produzida pela glândula pineal no cérebro, em resposta ao escuro. Os alimentos ricos em triptofano são banana, frango, peru, tâmaras, arroz, aveia, pães e cereais de grão integral. Tenha em mente nunca ficar com muita fome nem satisfeito demais quando for para a cama, já que ambas as coisas podem provocar o estado de vigília.

Tranquilizantes naturais

O cálcio e o magnésio vêm sendo apelidados de "tranquilizantes da natureza". Ambos os minerais acalmam os nervos e relaxam os músculos, ajudando a promover o sono repousante e a evitar cãibras noturnas. Laticínios, como leite e queijo, são boas fontes de cálcio e também de triptofano — eis por que um copo de leite quente é a pedida ideal à noite. Alimentos ricos em magnésio incluem frutos do mar, nozes, sementes, cereais integrais e verduras cozidas de folhas escuras. Portanto, uma refeição noturna de frango ou peru com arroz ou macarrão integral e verduras cozidas, acompanhadas de iogurte ou queijo, é indutora do sono.

Evite a cafeína depois das 2 da tarde

Experimente não beber café ou bebidas à base de cola depois das duas da tarde, já que os efeitos estimulantes da cafeína podem durar por horas. Embora o chá contenha quase a metade de cafeína — cerca de 50 mg por xícara —, é melhor evitá-lo perto da hora de dormir, se tiver problemas de sono. Como alternativa, experimente tomar chá de *rooibos*, ou chá vermelho, como também é chamado, feito de uma erva nativa da África do Sul, que não contém cafeína; ou ainda, um chá relaxante de camomila, ou até mesmo café descafeinado.

Beba com moderação

Tomar bebidas alcoólicas mais que o recomendado de duas unidades diárias para mulheres e três para homens pode deixá-lo relaxado inicialmente e ajudá-lo a dormir mais depressa, mas tem um efeito estimulante, levando-o a despertar com mais frequência durante a noite. Além disso, suas visitas noturnas ao banheiro aumentarão. Alguns estudos sugeriram que beber vinhos tintos, como Cabernet Sauvignon, Merlot ou Chianti, na hora de dormir promove o sono porque as cascas da uva que contêm são ricas em melatonina.

CAPÍTULO 4

Eczema e Emoções

Este capítulo enfoca como as emoções e o estresse podem estar ligados às crises de eczema, e como seus sintomas podem ter um impacto emocional, levando a um círculo vicioso de reações físicas e emocionais. Controlar o estresse e técnicas de relaxamento ajudam a prevenir as crises e aliviar a tensão durante os ataques. O apoio de colegas com o mesmo problema pode ajudar.

Geralmente é aceitável presumir que o estresse possa contribuir para as crises de eczema em alguns indivíduos. Algumas pesquisas sugerem que emoções, como a raiva, podem desempenhar um papel importante. Por exemplo, pessoas com uma personalidade do "tipo A" — tensa, impulsiva, agressiva, competitiva e fácil de se irritar — têm maior probabilidade de desenvolver doenças cardíacas. Uma pesquisa entre 40 pacientes com eczema atópico de longa duração no Hospital Real de Melbourne, em 1990, concluiu que elas tinham níveis elevados de ansiedade, assim como problemas em lidar com a raiva e a hostilidade. Um estudo de 1993 relacionou a ansiedade e a sensação de incapacidade de lidar com a raiva ao eczema atópico. Outro estudo, em 2001, sugeriu que o estresse piorava as condições de pele. Pesquisa realizada em Tóquio, em 2005, relacionou a ansiedade e a depressão às crises de eczema em indivíduos predispostos.

O eczema pode afetar, igualmente, o bem-estar emocional. Em 2004, o ISOLATE — *International Study of Life with Atopic Eczema*, (Estudo Internacional da Vida com Eczema Atópico), o maior e mais abrangente estudo desse tipo já conduzido até hoje, apoiado por associação de pacientes e médicos dos países envolvidos, selecionou 2.002 pessoas de oito países (França, Alemanha, Espanha, México, Holanda, Polônia, Reino Unido e Estados Unidos) com eczema atópico de características de moderado a grave, e revelou que mais da metade desses pacientes experimentava episódios de depressão e perda da autoconfiança, assim como sofria de tensão e dificuldade para relaxar durante as crises. Os participantes também relataram que sentiam embaraço, constrangimento, raiva e frustração por causa de sua condição. Muitos sentiam que seus médicos tinham falhado em reconhecer o impacto emocional provocado pelo eczema.

Pele e psique

Para compreender como sua mente pode afetar sua pele, pense nos vínculos entre as duas. Para que possa perceber e reagir ao ambiente ao redor, a pele contém numerosas terminações nervosas que se ligam diretamente ao cérebro. Assim, por exemplo, se uma das mãos entrar em contato com água fervendo, ou um objeto afiado, o cérebro responderá instruindo a tirá-la da fonte de desconforto. Em outras palavras, a pele e o sistema nervoso estão intimamente ligados. Pense em como sua pele começa a suar em reação ao medo, como fica pálida com o espanto ou vermelha de embaraço. O termo "casca-grossa" usado comumente descreve alguém que é insensível e sugere uma conexão entre sua pele e emoções.

Lidando com os sentimentos

O psicólogo americano Ted Grossbart acredita que não são nossas emoções ou sentimentos em si que causam problemas de pele, mas sim como lidamos com eles. Grossbart explica que muitos de nós enterramos as emoções numa tentativa de nos proteger contra elas. Afirma que, se não nos permitimos "sentir nossas emoções", é muito provável que venhamos a desenvolver sintomas físicos, sugerindo que o eczema pode ser o resultado de emoções reprimidas.

Grossbart afirma que tem tido muito sucesso em tratar os pacientes de eczema usando técnicas de abordagem psicológicas, como hipnose, relaxamento, visualização e psicoterapia. Uma técnica segura e simples de auto-hipnose que incorpora relaxamento e visualização está descrita no Capítulo 6 — Terapias Complementares "Faça Você Mesmo".

Ponha tudo para fora!

Se você costuma reprimir os sentimentos, procure maneiras de extravasar suas emoções. O ideal seria contar a alguém em quem possa confiar. Se isso não for possível, experimente anotar seus sentimentos no papel. Se estiver bravo, tente identificar o que ou quem interferiu no seu humor. Decida se pode fazer algo a respeito da situação. Pode evitar que aconteça outra vez? Pode falar sobre seus sentimentos com a pessoa que o irritou? Muitas vezes o ato de reconhecer nossos sentimentos pode ajudar a melhorar.

Se você estiver triste e com vontade de chorar, faça isso, pois pode proporcionar benefícios sociais e psicológicos. Chorar em público pode assinalar aos outros que estamos infelizes, que precisamos de apoio e conforto emocional. Chorar em particular também é benéfico, porque, quando choramos, liberamos hormônios do estresse com as lágrimas, como uma resposta do corpo ao excesso dos hormônios do estresse — um tipo de válvula de segurança emocional.

A história de Julie Graham

A experiência da atriz de televisão Julie Graham, que estreou nas séries de TV *At Home with the Braithwaites* (2000 — 2003) e *William and Mary* (2003), comprova a teoria do Dr. Grossbart. Ela sofria de eczema facial, que durante três anos não respondeu aos tratamentos convencionais como pomada de alcatrão de hulha e creme de cortisona. Desesperada, Julie consultou um homeopata que sugeriu que sua condição estava ligada à morte de sua mãe, ocorrida três anos antes e o fato que ela não se permitira lamentar a perda da maneira adequada. Assim que percebeu que tinha reprimido seus sentimentos, ela começou a se abrir com amigos e reconheceu a raiva pela perda da mãe. Afirma que o eczema desapareceu e não voltou, acreditando que o problema era um sintoma do fato de que não lidara da melhor forma com a morte da mãe.

O que é estresse?

Em resumo, o estresse é a maneira que a mente e o corpo respondem a situações e pressões que nos fazem sentir inadequados ou incapazes de lidar com elas. Uma pessoa pode enfrentar uma situação que outra pode julgar estressante. Está tudo ligado à percepção do indivíduo quanto ao fato e sua capacidade de lidar com ele.

O cérebro reage ao estresse preparando o corpo ou para ficar em pé e enfrentar a ameaça percebida, ou fugir dela. Faz isso liberando hormônios — mensageiros químicos —, inclusive a adrenalina, a noradrenalina e o cortisol, na corrente sanguínea. Esses elementos aceleram a frequência cardíaca e os padrões da respiração, podendo induzir o suor. Os níveis de glicose e ácidos graxos no sangue se elevam a fim de proporcionar um impulso de energia para lidar com a ameaça. Na psicologia, isso é chamado de reação de "lutar ou fugir".

Hoje em dia, os incidentes que induzem a resposta ao estresse, por exemplo, a pressão no trabalho ou problemas financeiros, são contínuos e improváveis de serem aliviados por reações abruptas, o que quer dizer que os níveis do hormônio do estresse permanecem altos. Durante um período prolongado de tempo, essas substâncias químicas podem ter um efeito prejudicial à saúde, aumentando o risco de sérios problemas de saúde tais como doença coronariana, distúrbios psicossomáticos (condições físicas provocadas ou tornadas pior por fatores mentais) e eczema. Portanto, é importante encontrar meios de reduzir e controlar o estresse. A ansiedade faz parte dessa reação "lutar ou fugir" do estresse. Embora seja uma resposta normal a situações estressantes, pode causar problemas quando se torna parte da atitude mental normal.

O fator estresse

O fato de que o estresse pode exacerbar o eczema atópico é muito bem aceito. David Nicolson, porta-voz do Institute for Optimum Nutrition (Instituto para a Excelência da Nutrição), disse recentemente: "As últimas evidências sugerem que o eczema está vinculado a um sistema imunológico deprimido ou sobrecarregado, assim como a intolerâncias alimentares. Mas um dos fatos desencadeantes principais é mesmo o estresse!"

Acredita-se que os hormônios do estresse suprimam o sistema imunológico, que pode levar a uma crise de eczema em pessoas com essa predisposição. Além disso, as pesquisas sugerem que o estresse prejudica a produção de sebo, diminuindo assim a eficiência da barreira cutânea.

> **Quando o estresse aciona o eczema...**
>
> A atriz Claire Sweeney descobriu que o estresse de conseguir um papel na novela *Brookside* do Canal 4, na Inglaterra, levou a uma crise de eczema que cobriu seu corpo inteiro.
> Nadia Sawalha, ex-atriz de *EastEnders* e atualmente apresentadora de tevê, passou por uma experiência semelhante quando sofreu de um eczema grave nas mãos logo após seu retorno ao trabalho, pouco depois de dar à luz a sua filha.

Alguns especialistas sugerem que o estresse, na verdade, não causa o eczema, mas que alguns indivíduos se coçam quando estão estressados, o que provoca um ataque de eczema. De um ponto de vista pessoal, não creio que seja esse o caso. Quando meu eczema irrompia por minhas pálpebras e pescoço, regiões que eu ainda não tinha me coçado, os trechos de um vermelho vivo de pele apareciam primeiro, depois começavam a coçar e só *então* eu me coçava!

Se você sente que o estresse é realmente um fator de suas crises, pode beneficiar-se encontrando maneiras de reduzir seus níveis de estresse.

20. IDENTIFIQUE OS FATORES DESENCADEANTES DE SEU ESTRESSE

A personalidade estressada

Além de identificar os fatores externos que o fazem se sentir estressado, considere se alguns aspectos de sua personalidade também não são responsáveis. Você é perfeccionista, que nunca está satisfeito com realizações e estilo de vida? Sentir constantemente quem você é e o que tem não é bom o suficiente pode levar a expectativas irreais, descontentamento e estresse desnecessário. Em seu best-seller *Não Faça Tempestade em Copo D'Água* (Ed. Rocco, 1998), o Dr. Richard Carlson nos faz lembrar de que "a vida está boa do jeito que está, agora mesmo". Adotar essa atitude mental tira imediatamente a pressão e induz a calma.

A compulsão em trabalhar é outro estressor, que muitas vezes está vinculado ao perfeccionismo — uma casa e um estilo de vida "perfeitos" custam a serem alcançados. E, embora dar duro pelas coisas que se almeja na vida seja admirável, algumas pessoas trabalham tanto que não têm tempo para desfrutar daquilo que já tem. Se você se vê impelido constantemente a conseguir que alguma coisa seja feita, acreditando que assim que tudo em sua "lista de afazeres" estiver realizado, você ficará calmo e relaxado, é melhor rever esses conceitos! O que acontece normalmente é que novas tarefas "a fazer" aparecem, portanto sua "caixa de entrada" nunca estará vazia. O Dr. Carlson diz que controla sua obsessão em completar a "lista dos afazeres" lembrando a si mesmo que "a finalidade da vida *não é* conseguir que tudo seja feito, mas desfrutar de cada passo ao longo do caminho de execução." Também aconselha: "Lembre-se de que quando morrer, sua "caixa de entrada" ainda não estará vazia."

O perfeccionismo pode também levar à necessidade de controle — você se convence de que ninguém mais pode alcançar seus padrões elevados de exigência e acaba optando por fazer tudo sozinho. Insistir nisso, seja em casa, seja no trabalho, inevitavelmente leva a uma sobrecarga física e mental. A solução é aceitar que não pode saber e fazer tudo sozinho e que é benéfico ouvir as ideias e opiniões de outras pessoas e delegar afazeres.

> **Faça um diário do estresse**
>
> Por umas duas semanas, anote situações, ocasiões, lugares e pessoas que o estressam. Assim que tiver identificado seus estressores, será possível encontrar meios de evitar ou, pelo menos, minimizá-los.

21. APRENDA A DIZER "NÃO"

"Não" é uma palavrinha que pode reduzir seus níveis de estresse drasticamente. Se você se sente sobrecarregado de tarefas e seus níveis de estresse estão subindo, experimente dizer "não" às tarefas não essenciais que você não tenha tempo ou simplesmente não queira fazer. Se achar o "não" difícil de dizer, procure desenvolver suas habilidades em se impor.

22. IMPONHA-SE

Se você regularmente se percebe cedendo à vontade dos outros e não expressando como se sente para evitar magoar ou aborrecer as pessoas, conquistar sua aprovação, ou se você regularmente permite que os outros o manipulem, levando-o a fazer coisas que não quer fazer, talvez seja melhor procurar ser mais assertivo. Ser assertivo quer dizer que você pode dizer o que deseja, sente e precisa calmamente e com confiança, sem ser agressivo ou magoar os outros. Use as seguintes técnicas para desenvolver suas habilidades em se impor a fim de assumir o controle de sua vida e fazer as coisas porque *você* quer, em vez de simplesmente tentar agradar outras pessoas.

- Demonstre ser dono de seus pensamentos, sentimentos e comportamento, usando "eu" em vez de "nós", "você" ou "isso". Portanto, em vez de "Você me deixa bravo", afirme "Fico bravo quando você..."
- Quando tiver a escolha de fazer ou não alguma coisa, diga "não quero" em vez de "não posso" para mostrar que tem uma decisão ativa.
- Use "escolho" em vez de "tenho de" e "posso" em vez de "devo" para demonstrar que você tem a escolha de fazer ou não alguma coisa.

- Quando sentir que suas necessidades não estão sendo levadas em conta, afirme o que deseja com calma e clareza, repetindo até que as outras pessoas demonstrem que aceitaram o que você disse.
- Ao fazer um pedido, decida exatamente o que você quer e o que está preparado para aceitar. Use palavras positivas, afirmativas, como mencionado acima.
- Ao recusar um pedido, fale com firmeza, porém com calma, dando as razões, sem se desculpar. Repita se for necessário.
- Quando discordar de alguém, diga isso usando o pronome "eu". Especifique o motivo pelo qual discorda, mas aceite o direito de a outra pessoa ter um ponto de vista diferente.

23. ACEITE O QUE NÃO PODE MUDAR

A Prece da Serenidade nos diz para aceitar o que não podemos mudar, ter a coragem de mudar o que podemos e a sabedoria de saber a diferença. Isso não é sugerir que você deva simplesmente desistir e aceitar o que não puder mudar nada em sua vida, mas, de preferência, evite desperdiçar tempo e energia preciosos preocupando-se com coisas sobre as quais não tem nenhum controle, de modo que possa canalizar seus esforços para onde sejam mais benéficos para você. Adotar uma atitude assim diante da vida pode reduzir substancialmente os níveis de estresse.

24. MUDE SUA PERCEPÇÃO DAS COISAS

Mudar sua percepção diante das situações pode reduzir a sensação de estresse. Quando alguma coisa má acontece, em vez de pensar como a situação está ruim, tente encontrar algo de positivo. Procure soluções para seus problemas, ou enxergá-los como uma oportunidade de crescimento. Por exemplo, ficar desempregado pode parecer algo terrível, mas, se você encarar isso como uma oportunidade para fazer uma reciclagem profissional e começar uma nova carreira, fazendo algo que sempre desejou fazer, pode tornar-se um catalisador para uma mudança positiva.

25. ADMINISTRE SEU TEMPO

Se você se sente constantemente sob pressão e estressado devido à falta de tempo, experimente rever a organização de seu dia. Faça um diário durante alguns dias para analisar como gasta seu tempo e depois identificar quais atividades pode cortar ou reduzir, dessa forma sobrará para as coisas que lhe são mais importantes. Se perder muito tempo indo e voltando de casa ao trabalho e não precisar dirigir, experimente ler um livro em vez de ficar apenas com o olhar perdido na paisagem. Reorganize sua agenda, ou ouça sua música predileta — um alívio comprovado para o estresse.

26. FAÇA UMA DIETA ANTIESTRESSE

O que você come também afeta seu humor e pode elevar ou diminuir a resposta ao estresse. O Capítulo 3 enfocou como uma alimentação equilibrada é essencial para a pele saudável. Comer bem possibilita ao corpo lidar com o estresse de maneira mais eficiente, suprindo o corpo dos ácidos graxos essenciais, vitaminas B, cálcio e magnésio, que são necessários para um sistema nervoso saudável. Uma alimentação que inclua bastante cereais integrais e poucos carboidratos refinados ajuda a manter um nível constante de glicose no sangue, tornando mais lenta a taxa de absorção da glicose, capacitando a mente e o corpo a funcionar de forma mais eficiente, sem picos estressantes e quedas na energia e no humor.

A cafeína eleva os níveis dos hormônios causadores do estresse, portanto é aconselhável uma ingestão diária moderada de não mais de 300 mg. Isso é, aproximadamente, o equivalente a três xícaras de café coado (ou quatro xícaras de café instantâneo), seis xícaras de chá e sete latas de refrigerante do tipo cola.

Evite recorrer ao álcool para ajudá-lo a lidar com o estresse. Beber mais que as quantidades recomendadas por dia (três a quatro unidades para homens e duas ou três unidades para mulheres) pode aumentar o estresse, agravando a depressão, a ansiedade e perturbando o sono.

27. MEXA-SE

O exercício regular é um excelente antídoto para o estresse, porque possibilita ao corpo consumir o excesso dos hormônios causadores do estresse. A finalidade primordial desse hormônio é proporcionar energia extra, necessária para fugir de nossos agressores e enfrentar, mas, na ausência de ameaças físicas, eles se acumulam no corpo. Também são responsáveis pela liberação de endorfinas, que melhoram o humor e aumentam a sensação de bem-estar.

28. VOLTE-SE PARA A NATUREZA

Estar em contato com a natureza ajuda a relaxar e a reduzir os níveis de estresse. Já ficou comprovado que atividades como dar um passeio no parque, sentar-se num jardim ou observar o mar reduzem a frequência cardíaca, a pressão arterial e a tensão muscular. Segundo especialistas, a razão pode ser os níveis mais elevados de íons negativos perto das regiões com água corrente, árvores. Outros alegam que esteja relacionado à "biofilia" — teoria de que todos temos uma afinidade natural com a natureza e que nossa "desconexão" é a causa dos problemas de saúde mental. Estudos na Holanda e Japão mostram que as pessoas que vivem dentro ou perto de áreas verdes desfrutam de uma vida mais longa e de saúde melhor que aquelas que moram em ambientes urbanos.

29. RIA MAIS

Rir é um excelente alívio para o estresse. Tudo indica que uma boa gargalhada pode reduzir os hormônios do estresse, o cortisol e a adrenalina, e aumentar os níveis de serotonina, que estimulam o ânimo. Pessoas que enxergam o lado divertido da vida possuem um risco reduzido de problemas de saúde associados ao estresse. Portanto, reserve um horário para assistir às suas comédias favoritas e se aproxime de pessoas que o façam rir!

> **Abrace!**
> Estudos sugerem que receber abraços regularmente reduz os hormônios do estresse na corrente sanguínea e abaixa a pressão arterial.

30. RESPIRE FUNDO

Quando estamos estressados, a respiração tende a ser rasa, ou a prendemos sem nos dar conta disso.

Já ficou comprovado que a respiração lenta e profunda reduz a frequência cardíaca, relaxa os músculos e libera a tensão. Portanto, da próxima vez que estiver estressado, preste atenção e controle sua respiração. Inale lentamente pelas narinas até uma contagem de cinco, deixando a barriga se expandir, segure até uma contagem de cinco e expire devagar pelo nariz até uma contagem de cinco, enquanto vai lentamente encolhendo o estômago. Repita até dez vezes.

31. CONCENTRE-SE NO AQUI E NO AGORA

A concentração plena, derivada do budismo, tem mostrado reduzir os níveis de estresse. A técnica consiste em viver no presente em vez de se preocupar com o passado ou o futuro. É baseada na ideia de que não podemos mudar nosso passado ou prever nosso futuro, mas podemos influenciar o que está acontecendo neste exato momento. Ao se concentrar no presente, você pode desempenhar as tarefas com o melhor de sua capacidade e extrair o máximo de cada momento, enquanto se preocupar com o passado e o futuro pode tolher seu desempenho e aumentar seus níveis de estresse sem necessidade.

32. MEDITE

A meditação é uma técnica que, se praticada regularmente, reduz os níveis dos hormônios do estresse, promove o relaxamento e acalma a ansiedade.

Eis uma meditação simples:

sente-se confortavelmente e feche os olhos. Respire pelo nariz profunda e lentamente, expandindo o estômago. Expire lentamente pela boca, encolhendo o estômago. Conforme se concentra na respiração, escolha uma palavra que passe a ideia de calma, por exemplo, "calma", "paz", "harmonia", ou apenas "relaxe". Repita a palavra seguidamente em sua mente, enquanto visualiza um lugar ou um objeto que passe a sensação de tranquilidade, por exemplo, um rio correndo ou a chama de uma vela bruxuleante. Envolva seus outros sentidos — imagine o som da água marulhando, sinta o calor da chama. Reconheça cada vez que sua mente vaguear e depois concentre-se de novo na palavra e imagem escolhidas.

33. PROCURE APOIO SOCIAL

Uma pesquisa realizada em 2003, num hospital do Brasil, concluiu que reunir um grupo de apoio pode ajudar a quem sofre de eczema. Fazer contato com pessoas que compartilham a mesma condição pode ajudar a combater o isolamento e o embaraço que muitos portadores de eczema sentem.

- A AADA — Associação de Apoio à Dermatite Atópica é uma entidade sem fins lucrativos, formada por médicos, pacientes, psicólogos e outros profissionais da área da saúde.
- Uma das finalidades da Associação é tentar aproximar o paciente e outras pessoas que sofrem do mesmo problema. Pacientes e médicos discutem os diversos aspectos da dermatite atópica, como diferentes tipos de tratamento, experiências pessoais e a influência de fatores emocionais.
- Formar um grupo de apoio para pacientes com dermatite atópica não é difícil, mas requer, antes de tudo, boa vontade e perseverança. De preferência, um grupo deve ser formado por um médico, ou outro profissional da área da saúde, que tenha certa experiência em lidar com pacientes com DA.
- Os pacientes e familiares podem ser convidados de diversas maneiras: por meio dos profissionais da saúde,

que podem encaminhar os pacientes ao grupo, através de um hospital que trate de pessoas com DA.

34. DURMA BEM

É sabido que dormir muito pouco aumenta os níveis do hormônio do estresse na corrente sanguínea e pode rapidamente ter um efeito na pele, agravando os sintomas do eczema. Somado a isso, a coceira pode perturbar o sono — levando a um ciclo vicioso aparentemente interminável dos padrões deficientes de sono, sensação de estresse e piora do eczema. O primeiro passo a ser dado é lidar com a coceira (consulte o Capítulo 2 — Penetrando na Pele) — conseguir uma boa noite de sono é difícil quando sua pele está constantemente coçando. Experimente as seguintes dicas para aumentar suas chances de obter uma quantidade adequada de sono de boa qualidade, reduzir seus níveis de estresse e encorajar sua pele a se curar.

- Ficar ao ar livre durante o dia. A exposição ao sol interrompe a produção de melatonina — a substância química do cérebro que induz o sono, tornando mais fácil ao seu corpo produzi-la à noite, para que você adormeça com mais facilidade e tenha um sono profundo e tranquilo.
- Ser uma pessoa ativa pode ajudar a dormir mais profundamente porque aumenta a temperatura e o metabolismo do corpo, que declinam algumas horas mais

tarde, promovendo o sono. Para se beneficiar, faça seus exercícios no início da noite. Ficar inativo o dia inteiro pode levar à inquietação e à dificuldade em dormir.

- Assegure-se de que seu quarto esteja fresco e escuro. Seu cérebro tenta reduzir a temperatura de seu corpo à noite, para diminuir seu metabolismo. Eis por que um quarto excessivamente quente pode atrasar o sono. Muito calor também pode piorar a coceira. Portanto, procure estabelecer uma temperatura em torno dos 16º C. O escuro estimula o corpo a produzir melatonina. Use cortinas pesadas, escuras, ou forre as suas com um tecido espesso do tipo "blecaute".

- Evite manter uma televisão ou computador em seu quarto. Assistir à tevê ou usar o computador à noite e ir para a cama pode estimular o cérebro em excesso, tornando mais difícil para você se desligar e cair no sono. As luzes brilhantes das telas de tevê e do monitor do computador podem também impedir a produção de melatonina.

- Experimente tomar um banho morno de banheira antes de dormir. O calor eleva ligeiramente a temperatura de seu corpo, que depois cairá, propiciando o sono. Acrescente algumas gotas de óleos essenciais de lavanda ou camomila na água, por suas propriedades calmantes, relaxantes e tranquilizantes.

- Seguir uma rotina regular para se deitar pode promover o sono, já que o cérebro aprende a vincular o adormecer com uma sequência particular de eventos. Por exemplo, você pode tomar um banho à mesma hora toda noite, antes de ler na cama, tomando um leitinho quente. Tirar um tempo para relaxar antes de se deitar pode ajudar a desligar e adormecer com mais facilidade.

❐ Se ficar ruminando os problemas ou se ocupar da agenda apertada do dia seguinte o impede de dormir, experimente anotar suas preocupações ou esboçar um plano de ação para o dia antes de ir para a cama.

❐ Certos alimentos e bebidas podem estimular a produção do hormônio do sono, a melatonina, e outros podem ajudá-lo a relaxar (consulte o Capítulo 3 — Do lado de fora).

CAPÍTULO 5

O Campo de Batalha Doméstico

Sua casa pode hospedar muitos gatilhos potenciais do eczema — ácaros da poeira domiciliar, produtos de limpeza químicos, aromatizantes e pelos de animais, dentre outros. Este capítulo sugere algumas alterações que você pode fazer em seu ambiente doméstico e como deve conservá-lo para reduzir a exposição a esses gatilhos e controlar os sintomas. Produtos de limpeza domésticos, que contenham substâncias químicas prejudiciais, podem ser substituídos pelo vinagre branco, suco de limão e bicarbonato de sódio com resultados excelentes.

35. CONTROLE OS ÁCAROS DA POEIRA

Os ácaros da poeira domiciliar vivem nas células humanas mortas encontradas na poeira doméstica. Alguns especialistas acreditam que o lixo doméstico, onde proliferam os ácaros da poeira, pode ser um gatilho do eczema para algumas pessoas. Alguns estudos sugeriram que diminuir número de ácaros da poeira em sua casa pode reduzir os sintomas do eczema, mas outros relatam que não houve diferença. No entanto, principalmente as crianças mostram melhoras quando os ácaros da poeira estão controlados.

Faça faxina

Limpe os cômodos criteriosamente toda semana. Esfregue o chão, as mobílias, os peitoris e molduras das janelas e até os batentes da porta com um pano úmido para tirar a poeira.

Livre-se do carpete

Carpetes não são aconselháveis para quem tem eczema, pois constituem um lar ideal para os ácaros da poeira. A melhor alternativa é apostar nos pisos duros, como cerâmica e madeira, porque o pó e a sujeira são mais visíveis e podem ser limpos com maior facilidade.

Livre-se do tecido!

Use persianas em vez de cortinas, já que são mais fáceis de manter livres de pó. Contudo, evite as venezianas — elas costumam reter poeira e são mais difíceis de limpar. As persianas romanas (de lâminas horizontais de várias espessuras), as persianas de enrolar, as verticais e as sanfonadas são relativamente fáceis de manter livres de poeira — experimente usar o bocal de escova de seu aspirador para limpá-las.

Dê uma "gelada" nos bichos de pelúcia

Os brinquedos de pelúcia são um endereço perfeito para os ácaros da poeira. Um jeito de matar os ácaros da poeira é colocar os brinquedos na geladeira. Os ácaros da poeira morrem a temperaturas abaixo de 20°C. Lave depois para remover os excrementos.

Blitz nas roupas de cama

O habitat predileto do ácaro da poeira é em suas roupas de cama. Para eliminá-los, tire as roupas de cama toda manhã e deixe a cama respirar por pelo menos uma hora — de preferência com a janela aberta. Lave os lençóis, cobertas e fronhas uma vez por semana a uma temperatura de 60°C. Passe o aspirador no colchão antes de trocar os lençóis. Lave os acolchoados e travesseiros o maior número de vezes possível. As roupas de cama de fibras sintéticas são mais fáceis de lavar que as de pluma. Quando possível, pendure a roupa lavada ao ar livre para secar. Você também pode comprar travesseiros antiácaros, cobertas e acolchoados resistentes a ácaros, além do próprio colchão.

Mantenha os cômodos arejados

Os ácaros gostam de condições quentes e úmidas. Para mantê-los a distância, assegure-se de que os níveis de umidade de sua casa fiquem entre 45 e 55 por cento. Se suspeitar que sua casa está muito úmida ou seca, confirme usando um higrômetro, dispositivo que mede a umidade. Abrir as janelas todo dia ajudará a reduzir a umidade. Espalhe vasilhas de água pela casa para aumentar a umidade do ar. Uma alternativa para se alcançar o nível de umidade ideal são os desumidificadores ou umidificadores.

36. CONTROLE A TEMPERATURA

O calor extremo ou o frio podem agravar alguns tipos de eczema, inclusive o atópico, por isso é importante vestir-se adequadamente — de preferência com algodão, e sobreposições de peças no inverno. Mantenha sua casa mais fria quanto possível no verão e, se morar em local frio, não aumente muito o termostato do aquecedor no inverno. Mantenha seu quarto bem fresco — uma temperatura abaixo de 16°C irá reduzir o risco de transpiração, que agravaria a coceira e favorecerá um sono repousante. Mudanças repentinas de temperatura podem desencadear a coceira, portanto, agasalhe-se bem antes de sair ao ar livre no frio.

37. FAÇA AS PAZES COM SEU ANIMAL DE ESTIMAÇÃO

Se o pelo ou a caspa de animais domésticos for um gatilho para seu eczema, é preciso evitar contato com eles até encontrar uma solução. Se você tiver um animal de estimação, isso pode ser muito difícil! Existem produtos disponíveis que são próprios para remover os alérgenos dos pelos dos animais. Normalmente vêm em forma de loções ou xampu que devem ser friccionados na pele e depois limpos com pano ou enxaguados, eliminando os alérgenos.

Os fabricantes desses produtos afirmam que não apenas o cabelo e a caspa são culpados pelo problema, mas também a saliva, a urina e outros alérgenos. Em testes clínicos, 90 por cento das pessoas com alergias a animais melhoram bastante com esses produtos.

38. COLOQUE LUVAS

Proteja a pele de suas mãos usando luvas. Utilize as de borracha ao lavar as coisas com produtos de limpeza ou para tarefas que o obriguem a colocar as mãos na água. Use luvas de algodão por baixo, se tiver alergia a látex. Não se esqueça das luvas de jardinagem ao cuidar as plantas, já que algumas delas podem provocar irritação na pele. Dentre aquelas que mais provocam reação estão as prímulas, tulipas, crisântemos e hera. Coloque luvas quando sair ao ar livre com o tempo frio. Ar gelado, ventania e baixa umidade podem ressecar a pele de suas mãos e exacerbar seu eczema.

39. LIMPE SEM AGREDIR A NATUREZA

Na introdução, falamos de como os produtos de limpeza domésticos com base em substâncias químicas são um risco potencial em sua casa e que podem desencadear os sintomas do eczema. Num estudo recente, com uma amostragem de 47 voluntários, feito pelo WWF — World Wildlife Fund (ou Fundo Mundial da Natureza), entre 13 e 54 dos 101 produtos químicos fabricados pelo homem foram encontrados nos corpos de cada participante. Descobriu-se que muitos deles provinham de produtos de limpeza domésticos, identificados como prejudiciais. Em vez de usar produtos carregados de substâncias químicas, opte por limpadores "amigos" da natureza, ou seja, baseados em ingredientes naturais como o limão ou o vinagre. Uma alternativa é fazer os próprios produtos de limpeza usando ingredientes de cozinha, como vinagre, limão, sal e bicarbonato de sódio.

O limão e o vinagre são substâncias ácidas, mas cumprem papéis diferentes na limpeza. O primeiro, cítrico, é útil para retirar crosta de sujeiras. Já o vinagre, asséptico, tem ação de evitar contaminação por bactérias. O sabão de coco artesanal — veja se o rótulo indica conter apenas gordura de coco, hidróxido de sódio ou de potássio e água — é excelente para toda e qualquer limpeza. O "quarteto imbatível" da limpeza é composto de água, sabão de coco, vinagre e álcool. Se quiser acrescentar um cheirinho bom, coloque álcool num frasco com bomba pulverizadora e em seguida casca de laranja (ou do limão) que iria jogar fora. Deixe macerar por alguns dias; depois, use para limpar o fogão, a pia, perfumar o ambiente. Fácil, barato e excelente!

O substituto para o alvejante

O bórax (sal mineral natural que contém boro) é uma alternativa mais suave ao alvejante. Para remover manchas em algodão branco ou linho, aplique diretamente no tecido e depois enxague. Mergulhe tecidos coloridos numa solução fraca de bórax — feita com 20 g (uma colher de sopa) a 500 ml de água — por não mais que 15 minutos. Para obter um limpador multiuso e desinfetante, misture uma colher de chá de bórax a duas colheres de sopa de vinagre branco e um litro de água quente.

Solução de bicarbonato de sódio

O bicarbonato de sódio é barato e altamente versátil. Misturado à água, forma uma solução alcalina que ajuda a dissolver a sujeira e a gordura, e neutraliza cheiros. Pode ser usado na limpeza de carpetes, tapetes e estofados para remover manchas. Para limpar um ralo malcheiroso, coloque um pouco de bicarbonato no local e depois derrame devagar uma xícara de vinagre branco. A espuma que se forma desengordura e desodoriza. Polvilhado num pano úmido, age como um abrasivo suave que remove marcas de superfícies sem arranhar. Experimente usá-lo dessa forma em plástico, porcelana, vidro, azulejos e aço inoxidável. Use também em banheiros para esfregar a banheira, a pia e a bacia da privada. Na cozinha, para limpar a geladeira, freezer, micro-ondas, fogão e forno. Encha um recipiente pequeno com bicarbonato e deixe na geladeira para absorver os odores. Mexa de vez em quando e substitua a cada três meses. Para limpar e renovar sua lavadora de louça, adicione uma xícara de bicarbonato e coloque no ciclo enxaguar ainda vazia. Para manchas mais difíceis, misture com um pouco de água para formar uma pasta, aplique e deixe por alguns minutos antes de enxaguar. Prata e joias ficam limpas e brilhando quando limpas desse jeito.

O frescor do limão

O limão contém ácido cítrico, que o torna um excelente limpador natural, com qualidades alvejantes, antissépticas, antibacterianas e desengordurantes. Use metade de um limão para limpar a banheira e a pia. Esfregá-lo sobre e ao redor das torneiras remove o limo e as deixa reluzindo — se você der um polimento depois com um pano seco. Para limpar cobre e bronze, mergulhe metade de um limão no sal de cozinha e esfregue a peça. Enxague bem logo depois para evitar a descoloração.

O limão também é um alvejante natural — para clarear roupas de cama e tecidos de linho. Mergulhe-os num balde de água com o suco de um limão e deixe durante a noite antes de lavar normalmente. O limão também desodoriza. Para limpar seu micro-ondas e eliminar o cheiro de comida, coloque umas duas fatias de limão numa tigela com água que possa ir ao micro-ondas. Ligue o forno por uns dois minutos e, em seguida, retire a tigela e limpe com um papel de cozinha ou pano limpo. Para manter sua geladeira com um aroma agradável, coloque algumas fatias de limão num recipiente aberto em uma das prateleiras.

Polidor natural

O azeite de oliva é um bom substituto natural para lustra-móveis comerciais. Misture uma xícara de azeite de oliva comum — não precisa ser extravirgem — com o suco de um limão e coloque num frasco com pulverizador. Para polir superfícies de madeira, borrife um pouco no tampo e esfregue. O suco de limão remove a poeira, enquanto o azeite de oliva dá brilho e protege a madeira. Use um pano seco para remover o excesso de óleo e esfregue para dar brilho. Use com parcimônia, já que quantidades excessivas de óleo podem deixar a superfície pegajosa. O azeite de oliva também é bom para limpar marcas de dedo ou superfícies de aço inoxidável e utensílios de cozinha. Borrife um pouco em papel de cozinha e esfregue.

Valorize o vinagre

O vinagre é uma solução diluída de ácido acético que elimina a gordura, desodoriza e é levemente desinfetante. O vinagre branco é o melhor tipo para se usar em sua casa, já que não tem um cheiro forte. Misture quantidades iguais de vinagre branco e água num frasco com spray e use como limpador geral. O produto é muito bom em azulejos e balcões de cozinha. Para se obter um aroma fresco, adicione algumas gotas de óleos essenciais de capim-limão, bergamota ou gerânio. Para manchas difíceis, use água morna. Cubra a mancha do tecido e deixe por dez minutos antes de torcer. O vinagre branco também é um excelente limpa-vidros — use metade de uma xícara num litro de água morna. Borrife pela vidraça e depois remova e lustre com jornais velhos amassados para evitar "ondas".

O vinagre é um bom removedor, pois dissolve os depósitos de limo. Para limpar a ducha do chuveiro, remova-a e mergulhe em vinagre não diluído. Para tirar limo dos bicos de chaleiras, encha a vasilha com vinagre e deixe durante a noite. Escorra o líquido no dia seguinte e lave bem antes de usar. Para limpar torneiras, mergulhe algumas folhas de papel-toalha em vinagre branco. Enrole-as em torno das torneiras e depois cubra com sacos plásticos presos com elástico. Deixe por algumas horas antes de enxaguar bem e dar lustro com um pano seco.

Limpador de *ketchup*

Se ficar sem vinagre, o *ketchup* de tomate é um bom substituto, embora faça um pouco de bagunça, já que contém ácido acético. É recomendado principalmente para limpar cobre e bronze.

Aromatizante de menta

Em vez de usar aromatizantes comerciais para eliminar o mau cheiro, experimente fazer o seu. Coloque vinagre branco em um frasco e adicione cerca de vinte gotas de óleo essencial de menta. Agite bem antes de pulverizar. Evitar borrifar perto dos olhos, já que o vinagre pode irritá-los.

Desinfetante natural

O óleo de uma árvore australiana chamada *tea-tree*, *Melaleuca alternifolia*, é um excelente desinfetante e fungicida. Para uma solução desinfetante de uso geral, misture 10 ml (duas colheres de chá) de óleo de melaleuca com duas xícaras de água. Para remover e reduzir o mofo e o bolor, use a solução num frasco com pulverizador e borrife nas áreas afetadas. Deixe agir por alguns minutos e depois enxague com água morna e sabão. Para manter as cortinas do box livres de bolor e para eliminar cheiro forte de mofo de tecidos, adicione algumas gotas de óleo de melaleuca no sabão em pó de sua preferência.

> **Produtos de limpeza naturais antialérgicos já prontos**
>
> Se preferir comprar produtos de limpeza naturais antialérgicos, já existem disponíveis nos supermercados produtos manufaturados à base de plantas, como as linhas Ecobril, da Bombril, da Amazon e muitas outras marcas dos próprios supermercados.

40. USE SABÕES EM PÓ NÃO BIOLÓGICOS

Os sofredores de eczema, tradicionalmente, são aconselhados a evitar sabões em pó biológicos e preferir os não biológicos.

Uma nova pesquisa a respeito concluiu que detergentes contendo enzimas não eram mais agressivos à pele do que as alternativas não biológicas. Contudo, Lyndsey McManus, porta-voz da sociedade beneficente Allergy UK, comentou que muitas pessoas acham os produtos não biológicos mais suaves para sua pele. Teste para ver o que melhor se adéqua às suas necessidades. Se sentir que as enzimas ou talvez os perfumes nos sabões em pó biológicos pioram seus sintomas, então é melhor evitá-los. Experimente remover manchas teimosas misturando sal com vinagre branco para formar uma pasta e esfregá-las antes de lavar. Lave suas roupas no ciclo de "enxágue duplo" para remover todos os traços de sabão em pó ou amaciante de roupa.

41. FAÇA USO DE UM ABRANDADOR DE ÁGUA

Um estudo feito na Inglaterra mostrou que o eczema é mais prevalente em crianças em idade escolar, que moram em regiões de águas duras. Isso pode ser porque a água dura contém sais de cálcio e magnésio que podem irritar a pele, ou em razão de as pessoas que vivem nessas regiões usarem mais sabão e detergente — visto que a água dura não deixa a espuma se formar, o que agrava os sintomas. Os abrandadores de água podem melhorar os sintomas, mas não existem evidências conclusivas que seja esse o caso. Esses produtos abrandam a água, removendo os sais de cálcio e magnésio. Se quiser experimentar um abrandador de água, adquira de uma empresa conceituada. Porém, só a instalação de um filtro abrandador de água com troca de íons erradicará completamente a dureza da água.

CAPÍTULO 6

Terapias Complementares do Tipo "Faça Você Mesmo"

As terapias complementares buscam tratar a pessoa como um todo em vez de apenas os sintomas. A ênfase é dar apoio ao corpo e capacitá-lo a se curar. Embora seja improvável que qualquer tratamento complementar "cure" seu eczema, alguns podem ajudar a reduzir o estresse e melhorar o bem-estar — o que pode, em troca, reduzir o número de crises.

Este capítulo inclui uma visão geral e uma avaliação da utilidade das abordagens alternativas, tais como naturopatia e reflexologia. Também sugeri alguns aspectos que podem ser adotados de outros programas de autoajuda, tais como uma alimentação integral e técnicas simples de reflexologia.

42. USE ÓLEOS ESSENCIAIS

Os óleos essenciais são extraídos por vários métodos das pétalas, folhas, caules, raízes, sementes, nozes e até mesmo da casca das plantas. A aromaterapia é baseada na teoria de que os aromas liberados dos óleos essenciais afetam o hipotálamo. Esta é a parte do cérebro que governa as glândulas e os hormônios, alterando o humor e reduzindo o estresse. Quando usados em uma massagem, banhos e compressas, os óleos são também absorvidos pela corrente sanguínea e transportados para os órgãos e glândulas, que se beneficiam de seus efeitos curativos. Uns dois estudos sugeriram que os óleos essenciais, tais como o de néroli, valeriana e lavanda, podem auxiliar no relaxamento e induzir a calma. Já que o eczema é com frequência vinculado ao estresse emocional, vale a pena experimentar a aromaterapia como uma medida preventiva, ou durante uma crise. Os óleos podem também ter propriedades anti-inflamatórias, hidratantes e curativas.

Patricia Davis, autora de *Aromaterapia* (Martins Fontes, 1996), recomenda a mistura de óleos essenciais com um creme aquoso ou loção sem perfume, já que óleos de base como o de amêndoa doce ou de germe de trigo podem às vezes agravar as condições da pele. Com a maioria dos óleos essenciais, use uma diluição de 1 por cento — uma gota por colher de chá de creme aquoso ou loção. Nunca aplique óleos de aromaterapia sobre a pele arranhada.

Camomila

A camomila vem sendo usada pela medicina há milhares de anos. Acredita-se que suaviza e acalma tanto a mente quanto a pele, o que é um grande benefício, já que o estresse emocional é a causa mais provável de uma crise de eczema. Se forem afetadas áreas extensas de pele, adicione mais ou menos seis gotas de óleo essencial de camomila ou mesmo uns dois saquinhos de chá de camomila ao seu banho.

A aplicação local de camomila tem um efeito moderado no tratamento do eczema. Num teste duplo-cego, descobriu-se ser em torno de 60 por cento tão efetiva como 0,25 por cento do creme de hidrocortisona.

Melissa

Se a camomila não trouxer melhora, vale a pena experimentar a melissa, já que tem propriedades semelhantes às da camomila. A melissa é um óleo bem forte, portanto, para melhores resultados, misture uma gota com duas colheres de chá de loção ou creme aquoso sem perfume.

Lavanda

A lavanda também pode aliviar o eczema, pois possui propriedades suavizantes, antissépticas e anti-inflamatórias, além de tranquilizar, acalmar as emoções e estimular o humor. Portanto, como os dois óleos anteriores, pode ajudar a aliviar os sintomas, atacando tanto a causa subjacente como a condição atual.

Gerânio

O gerânio é recomendado para o eczema seco. Possui propriedades curativas, antissépticas e ajuda a equilibrar os óleos naturais da pele — corrigindo a secura excessiva. Também tem qualidades antidepressivas, portanto pode ajudar com quaisquer fatores psicológicos subjacentes. Para se beneficiar da planta, adicione seis gotas ao banho, ou aplique-o diretamente sobre a região afetada, diluído em loção ou creme aquoso sem perfume.

Patchouli

O óleo de patchouli é recomendado muitas vezes por suas qualidades afrodisíacas, mas suas propriedades anti-inflamatórias e antissépticas o tornam útil para o tratamento do eczema — especialmente onde a pele está seca ou rachada.

43. AJUDE-SE COM A HOMEOPATIA

Homeopatia significa literalmente "o mesmo sofrimento" e é baseada na ideia de que "o igual cura o igual" — substâncias que podem provocar sintomas numa pessoa sã podem tratar os mesmos sintomas numa pessoa que esteja doente. Sintomas como inflamação ou febre são sinais de que o corpo está tentando se curar. A teoria é que os remédios homeopáticos estimulam esse processo de autocura e funcionam de um modo semelhante às vacinas.

Como funciona a homeopatia

As substâncias usadas nos remédios homeopáticos provêm de fontes vegetais, animais e minerais, que são convertidas em uma tintura, que é depois diluída muitas vezes. Os homeopatas afirmam que, quanto mais diluído for um remédio, mais elevada é sua potência e mais baixos seus prováveis efeitos colaterais. Acreditam na "memória da água", uma teoria que sugere que, embora as moléculas das substâncias tenham sido diluídas, deixam para trás uma "pegada" eletromagnética — parecida com uma gravação numa fita de áudio —, que tem um efeito sobre o corpo. As pesquisas sugerem que altas diluições de substâncias nos remédios homeopáticos reduzem o risco de efeitos adversos.

Essas ideias são controversas e muitos médicos continuam céticos. Evidências para apoiar a homeopatia existem, mas muitas delas são consideradas inconclusivas. Por exemplo, pesquisa publicada em 2005, reportou melhorias nos sintomas e bem-estar entre 70 por cento dos pacientes que receberam homeopatia individualizada. O estudo reuniu uma amostragem de 6.500 pacientes durante um período de seis anos no Hospital Homeopático de Bristol, Inglaterra. Sessenta e oito por cento dos portadores de eczema numa faixa de idade de 16 anos relataram sentirem-se "melhor" ou "muito melhor". Críticos do estudo argumentam que não houve grupo de comparação e a resposta pode ter sido positiva porque os pacientes perceberam o objetivo da pesquisa. Por outro lado, muitas pessoas afirmam a eficácia da homeopatia, portanto pode valer a pena experimentar.

Existem dois tipos principais de remédios — baseados na pessoa por inteiro e nos sintomas. Um homeopata pode prescrever um remédio mirando você de uma maneira holística, com base em sua personalidade, assim como nos sintomas que você experimenta. Os homeopatas acreditam que o eczema é uma doença vinculada ao sistema metabólico, pela qual a pele tenta descarregar as toxinas na corrente sanguínea. O tratamento mais fácil é selecionar um remédio que combine mais aproximadamente dos seus sintomas particulares. Abaixo estão os remédios prescritos com maior frequência para o eczema e os sintomas específicos.

Arsenicum Album

Sugerido para a pele seca, com coceira, com piora em baixas temperaturas.

Dulcamara

Recomendado para eczema exsudativo (que mina água), com crostas, que se agrava em condições úmidas.

Graphites

Recomendado para o eczema úmido, com pele que mina fluidos, acompanhado por coceira e pele rachada.

Lycopodium

Recomendado para pele seca, escamosa — sem nenhuma infecção.

Natrum mur

Para eczema úmido sem coceira, mas com erupção que arde e mina água.

Petroleum

Para eczema úmido com pele áspera, rachada ou com crosta, provocada pelo estresse com piora à noite.

Rhus tox

Para eczema avermelhado, que arde e coça com pele escamosa, que piora com tempo frio e úmido e melhora no calor.

Sulphur

Recomendado se o eczema for seco, escamoso e coçar muito e principalmente se seus sintomas piorarem com o coçar, o calor e o banho.

Calcerea carbonica

Pode trazer alívio ao eczema acompanhado por pele rachada e com coceira, que piora com o tempo frio e úmido.

44. EXPERIMENTE A HIPNOTERAPIA

Estados parecidos com o transe vêm sendo usados há séculos por diferentes culturas para propiciar a cura. O fundador na hipnose moderna foi Franz Anton Mesmer, cujo método de tratar os pacientes foi denominado de "mesmerismo". Os hipnoterapeutas encorajam um estado da mente semelhante ao devaneio e promovem um relaxamento profundo e a vulnerabilidade à sugestão.

Em 1992, *The Royal College of Physicians Committee on Clinical Immunology and Allergy* (Comitê da Faculdade Real de Médicos de Imunologia e Alergia Clínica) concluiu que a hipnose pode ajudar um pouco pessoas asmáticas. Um escaneamento do cérebro por meios de aparelhos modernos mostraram que a sugestão hipnótica pode ter um efeito visível no cérebro de algumas pessoas. Estudos sugerem que, assim como estar relaxado — o que em si pode ser benéfico para os pacientes de eczema —, a hipnose pode estimular a função imunológica e que a visualização pode melhorar as erupções da pele. Um estudo mostrou que a hipnoterapia e o *biofeedback* — uso de equipamento de monitoramento para medir e encorajar o relaxamento — reduzem o dano e o espessamento da pele. Outro teste, em 1995, mostrou que a hipnose reduz a coceira, o ato de coçar e os problemas de sono tanto em crianças como adultos.

Auto-hipnose simples

A maioria das pessoas pode aprender técnicas seguras e simples de auto-hipnose. As seguintes etapas irão conduzi-lo a uma auto-hipnose básica, que pode ajudar o relaxamento e o pensamento positivo e possivelmente auxiliar a aliviar os sintomas do eczema.

1. Deite ou sente-se bem confortável num lugar tranquilo, onde seja improvável que o perturbem.
2. Concentre-se em sua respiração — inale e exale lenta e profundamente
3. Comece contando de trás para frente a partir de 300. Se sua mente vagar, recomece a contagem.
4. Ao mesmo tempo, relaxe cada parte de seu corpo. Permita que os músculos de seu rosto se soltem, depois aqueles de seu pescoço, ombros, costas, braços, pernas e finalmente seus pés.
5. Agora, repita afirmações — declarações positivas sobre si mesmo — como se já fossem verdadeiras, por exemplo, "estou calmo e relaxado em todas as situações" ou "minha pele é macia e saudável".
6. Quando estiver pronto para sair do transe, comece a contar até dez, dizendo a si mesmo: "Quando chegar

a cinco, começarei a despertar; quando chegar a dez, estarei desperto, sentindo-me calmo e relaxado".

45. VISUALIZE UMA PELE SADIA

A visualização consiste no uso da imaginação para criar uma imagem na mente de uma situação que você quer alcançar. Dizem que quanto mais sentidos você usar em sua visualização, mais efetiva ela será. Usar a visualização durante a auto-hipnose melhora suas chances de sucesso e é chamado de imaginação hipnótica.

Siga as técnicas de auto-hipnose delineadas anteriormente. Conforme fizer uma afirmação, procure visualizá-la em seu subconsciente, como se estivesse acontecendo naquele instante, criando um cenário em que você já alcançou seu objetivo. Por exemplo, se sua afirmação for "Minha pele está clara e saudável", veja, ouça e sinta isso. *Veja* sua pele brilhando e saudável, *ouça* seus amigos e familiares comentando como sua pele está bonita, e *sinta* sua suavidade e maciez.

46. DESFRUTE DE UMA MASSAGEM

Um estudo mostrou que a massagem por 20 minutos todo dia melhorou os sintomas de crianças com eczema atópico e reduziu a ansiedade. Sabemos que a ansiedade agrava os sintomas do eczema em algumas pessoas, por isso é provável que os efeitos relaxantes da massagem tendem a melhorar os sintomas.

A massagem envolve o toque, que pode dissipar tensões e estimulam a liberação de endorfinas, analgésicos do próprio corpo, além da serotonina, substância química do cérebro relacionada ao relaxamento. Também diminui o nível dos hormônios do estresse no sangue e melhora sua circulação.

Faça o próprio óleo de massagem misturando algumas gotas de seu óleo favorito de aromaterapia (por exemplo, lavanda, camomila ou ylang-ylang) num óleo de base, tais como os de amêndoa, semente de uva, ou uma loção sem perfume ou creme aquoso, se a região a ser massageada for afetada pelo eczema. Uma maneira fácil de aumentar as vantagens da massagem é se você e um parceiro massagearem as costas, pescoço e ombros um do outro, usando as técnicas básicas delineadas logo abaixo:

afago/carinho — deslize ambas as mãos sobre a pele em movimentos rítmicos em leque ou circulares;

amassamento — usando as mãos alternadas, aperte e solte a pele entre os dedos e os polegares, como se estivesse amassando um pão;

fricção — usando os polegares, aplique uma pressão constante em pontos estáticos, ou faça pequenos círculos de ambos os lados da coluna;

tapotagem — com as mãos em concha, bata com ritmo e rápido toda a parte a ser massageada.

Uma música relaxante de fundo certamente pode aumentar a sensação de relaxamento.

47. TIRE PROVEITO DA NATUROPATIA

Naturopatia quer dizer "cura natural" e é baseada na filosofia de que a doença ocorre quando o equilíbrio natural do corpo é perturbado por um estilo de vida não saudável. Os naturopatas acreditam que fatores como uma alimentação prejudicial à saúde, sono insuficiente, falta de ar fresco, pouco exercício, estresse emocional e físico e poluição causam um acúmulo de toxinas que pode levar a um enfraquecimento do sistema imunológico e suscetibilidade a bactérias, vírus e alérgenos. Sintomas tais como eczema são encarados como sinais do corpo tentando se curar e acredita-se que, em vez de suprimir tais sintomas, a capacidade de autocura do corpo deveria ser apoiada por um estilo de vida saudável. Um especialista da área tentará descobrir por que uma pessoa ficou doente e depois sugerir mudanças do estilo de vida para restabelecer o equilíbrio e a boa saúde. A desintoxicação é a parte principal da naturopatia.

Para promover uma digestão eficiente e a eliminação das toxinas, um sofredor de eczema deve seguir uma dieta severa baseada em frutas, verduras e grãos. Essa dieta deve ser suplementada por ervas tais como a bardana, para limpar e tonificar o fígado. Evidências sugerem que uma dieta de alimentos integrais e as abordagens naturopatas para o controle do estresse e o exercício físico, tais como ioga e massagem, podem levar a uma melhora na saúde.

48. EXPERIMENTE OS REMÉDIOS FLORAIS

As essências de flores têm sido usadas por suas propriedades curativas por milhares de anos, mas foi o Dr. Edward Bach, médico bacteriologista e homeopata da famosa Rua Harley, de Londres, onde há várias clínicas de renome, que desenvolveu seu uso no Reino Unido, no séc. 20. Nos anos de 1930, ele estudou seus pacientes e concluiu que a atitude mental representava um papel vital tanto na saúde como na recuperação das doenças. Identificou 38 estados negativos da mente e desenvolveu um remédio fitoterápico ou baseado em flores para cada um deles. Em 1936, Bach estava produzindo seus remédios comercialmente. Acredita-se que os remédios atuem contra o estresse e emoções negativas tais como o desespero, medo e incerteza, mas existem apenas evidências circunstanciais de sua efetividade. Hoje em dia, os florais estão disponíveis em farmácias em frascos de 10 e 20 ml, que são fáceis de carregar. Os remédios são tomados diluindo-se duas gotas num copo de água, ou podem ser pingados diretamente na língua. Se suas emoções estiverem implicadas em seu eczema, experimente um dos florais a seguir:

impatiens
Esse remédio é recomendado se seu eczema o fizer se sentir irritado e autoconsciente;

mimulus

Indicado para pele hipersensível — especialmente se seu eczema estiver ligado à ansiedade;

agrimony

Essa essência floral é útil se seu eczema estiver relacionado a sentimentos reprimidos.

49. ENCONTRE ALÍVIO NA REFLEXOLOGIA

A reflexologia é baseada na teoria de que os pontos nos pés, mãos e faces, conhecidos como reflexos, correspondem a partes do corpo, glândulas e órgãos. Estimular esses reflexos, usando os dedos e os polegares, promove mudanças psicológicas que encorajam a mente e o corpo a se autocurar. Os profissionais praticantes acreditam que desequilíbrios no corpo resultam depósitos granulares no reflexo relevante, provocando uma sensibilidade. Acredita-se que calos, joanetes e até mesmo pele grossa indicam problemas nas partes do corpo a que sua posição está vinculada. Embora a opinião médica esteja dividida, evidências sugerem que a massagem no pé e na mão podem aliviar o estresse.

Eis aqui algumas técnicas que você pode experimentar sozinho; uma é para diminuir o estresse, já que muitas vezes está implicado no eczema, e a outra para ajudar a digestão, que também pode ser afetada. A técnica consiste em trabalhar com as mãos, já que isso é mais fácil que tratar de os próprios pés.

A figura mostra os pontos reflexos relacionados ao corpo:

PONTOS DE REFLEXOLOGIA
1. Pituitária 2. Pescoço 3. Lado da cabeça e do cérebro 4. Topo da cabeça e do cérebro 5. Cavidade óssea nasal 6. Olho 7. Tubo de Eustáquio 8. Ouvido 9. Tireóide 10. Pulmão 11. Coração 12. Plexo Solar 13. Fígado 14. Baço 15. Estômago e Pâncreas 16. Intestino Delgado 17. Cólon 18. Bexiga 19. Ureter 20. Rins 21. Adrenais 22. Ombros 23. Ovários 24. Nervo ciático
Fonte: http://pt.wikipedia.org/wiki/Ficheiro:Reflexology_of_the_Hand.JPG

Para aliviar o estresse: use o polegar de sua mão direita para aplicar pressão ao reflexo do plexo solar em sua mão esquerda. Ele está localizado cerca de dois terços para cima, alinhado com o centro de seu dedo médio. Repita em sua mão direita, usando seu polegar esquerdo.

Para melhorar a digestão: use o polegar da mão esquerda para aplicar pressão ao terço médio da palma direita num movimento lento de arrastar, trabalhando da esquerda para a direita durante dois minutos. Faça o mesmo com a palma esquerda, usando seu polegar direito e trabalhando da direita para a esquerda.

50. DIGA "SIM" À IOGA

A ioga pode ser benéfica aos portadores de eczema porque se acredita que alivie o estresse. É uma forma suave de exercício que ajuda a acalmar a mente e é menos provável que provoque transpiração, que pode irritar a pele durante uma crise de eczema. A palavra "Yoga" vem do sânscrito *yuj*, que significa união. As posturas e exercícios respiratórios da ioga são projetados para unir o corpo, a mente e a alma. Posturas invertidas, tais como a postura sobre o ombro, estimula a circulação e o fluxo sanguíneo para a parte superior do corpo, ajudando a aumentar a agilidade e melhorar a pele. Alguns pacientes acham que a respiração iogue os ajuda a relaxar e que desvia a atenção da coceira da pele.

Respiração iogue

Se for prático para você, sente-se num tapete ou colchonete com as pernas cruzadas, ou esticadas à frente, com as mãos descansando sobre os joelhos. Contudo, isso não é essencial — o importante é que você esteja confortavelmente sentado, com a cabeça, pescoço e coluna alinhados. Respire devagar pelas narinas, permitindo primeiro que seu estômago e depois sua caixa torácica se expandam. Segure o ar até uma contagem de dez e depois exale lentamente, murchando o estômago e soltando a caixa torácica.

Aprenda ioga

Ao praticar ioga em casa, sempre proceda com calma, evitando forçar seu corpo para realizar as posturas. Pare assim que sentir qualquer desconforto. Use roupas leves e soltas para poder se movimentar livremente, e tire os sapatos, favorecendo os exercícios. Use um colchonete antiderrapante se o chão for escorregadio. Não tente as posturas invertidas se tiver problema no pescoço, nas costas, pressão alta, doença cardíaca ou problemas circulatórios. Em caso de dúvida, consulte um médico antes de se exercitar.

Glossário

Agudo — algo que começa de repente e logo passa. O eczema costuma ser uma condição de longa duração com crises agudas.

Alérgenos — substâncias que causam alergias, por exemplo, pólen, caspa e pelo de animais domésticos e alimentos tais como amendoins.

Anafilático — também conhecido como choque anafilático. Uma reação alérgica grave, potencialmente fatal.

Anti-histamínico — droga que bloqueia os efeitos da histamina.

Anti-inflamatório — droga ou outra substância que contra-ataca a inflamação.

Atópico — alérgico.

Crônico — persistente, de longa duração.

Derme — a camada mais espessa, interna, de sua pele, sob a epiderme.

Duplo-cego — um teste em que as informações que podem influenciar o comportamento dos pesquisadores ou dos participantes (tais como quais participantes receberam um placebo em vez de um tratamento ativo) são ocultas.

Emoliente — hidratante que ajuda a manter a umidade da pele.

Epiderme — camada fina exterior da pele.

Eritema — vermelhidão causada pela inflamação aguda.

Esteroides (corticosteroides) — drogas com propriedades anti-inflamatórias, semelhantes aos hormônios esteroides produzidos pelas glândulas adrenais.

Histamina — substância liberada pelo sistema imunológico em resposta a um alérgeno.

Inflamação — resposta do sistema imunológico, destinado a proteger o corpo da invasão de substâncias estranhas. Os sintomas incluem vermelhidão, calor, suor e dor.

Intolerância — hipersensibilidade a uma substância que não envolve a resposta imunológica, não se caracterizando uma alergia verdadeira. Algumas pessoas a chamam de "alergia escondida".

Liquinificação — espessamento da pele, resultante do ato constante de se coçar.

Medicina integrada — medicina orientada para a cura, que leva em consideração a pessoa como um todo (corpo, mente e espírito), inclusive todos os aspectos do estilo de vida. Faz uso tanto das terapias convencionais como alternativas.

Prurido — coceira.

Psicossomático — literalmente significa "mente e corpo". Termo normalmente usado para descrever doenças que se acredita ficarem piores com o estresse e a ansiedade.

Sebo — secreção oleosa que forma parte da barreira cutânea.

Sensibilidade — resposta do sistema imunológico a uma substância particular.

Urticária — erupção de aparência semelhante à reação ao contato com a urtiga, com coceira e bolhas cheias de líquido — um sinal de uma resposta alérgica.

50 coisas que você pode fazer para combater a alergia
foi impresso em São Paulo/SP, pela RR Donnelley,
para a Editora Lafonte em julho de 2011.